# 올웨더
# 투자법

어떠한 경제 혼란에도 부를 얻는

# 올웨더 투자법

판교불패 지음 | 경제냥이 그림

# WEALTH FOR
# ALL WEATHERS

RHK
알에이치코리아

# 우리는 불패할 것이다, 단연코

나의 온라인 세계 닉네임은 '판교불패'다. '강남불패'라는 조어처럼 특정 지역의 부동산 가치가 최고라는 뜻으로 지은 이름은 아니다. 굳이 설명하자면, '시장에서 결코 지지 않는 판교인' 정도가 될 것이다. 핵심은 '불패'에 있다.

투자자 중 대부분은 자신이 돈을 넣은 자산의 가치가 폭락하기 시작할 때 공포에 휩싸여 손절을 택한다. 하지만 나는 '좋은 자산은 불패한다'라는 투자 신념을 가지고 있다. 다양한 경제지표로 분석한 결과 좋은 땅이라는 확신이 든 곳에 씨앗을 뿌린 후에는, 우여곡절을 겪더라도 끝까지 돌보아 확실한 수익을 내는 농부의 마음가짐으로 투자한다. 이러한 신념 덕분인지 2016년부터 현재까지 약

7년간 투자한 나의 평균수익률은 '20%'다. 별것 아닌 것처럼 보이는가? 하지만 2019년부터 2022년 초까지 주식 호황장에서 개인투자자들이 얻은 평균수익률이 고작 1.9%에 불과하다는 점을 고려하면, 대단한 수익률이 아닐 수 없다. 누군가가 그랬다. 연평균 20% 수익률이면 투자의 귀재 워런 버핏Warren Buffett 급이라고!

워런 버핏은 '절대 잃지 않는다'를 자신의 투자 원칙으로 삼고 있다. 이것이 어떻게 가능할까? 어쩌면 당연해 보이는 것을 지키기 때문일 것이다. 예를 들어, 당신이 5년 전부터 삼성전자에 투자해 왔다고 하자. 근 5년간 어땠는가? 중간중간 급락과 급등이 있었다. 우리 모두 삼성전자가 대한민국의 국민기업이며 전도유망한 사업체라는 걸 알고 있지만, 주가가 폭락할 때 그 손실을 견디며 버텨내는 사람은 많지 않다. 대다수가 공포에 휩싸인 나머지 굳이 손실을 실현시킴으로써 엄청난 손해를 확정하고야 만다. 하지만 시장은 어떻게 흘러갔는가? 2013년부터 2023년까지 삼성전자 주식은 123% 상승했다. 연평균 수익률로 따지면 8%다. 이를 보건대, 우리에게 필요한 것은 주식이든 부동산이든, 좋은 자산은 반드시 오른다는 믿음이다. 내가 고수하는 이 투자 신념은 언제나 옳았고, 이를 믿은 덕분에 지속해서 안정적인 수익을 낼 수 있었다.

지난 10여 년간 나는 모 대기업에서 원자재 트레이더로 일했다. 직접 운용한 누적 트레이딩 금액을 환산하면, 3조 정도 되는 것 같다. 이를 통해 원자재가 세계 곳곳에서 어떻게 생산되고 그 가격이 자산시장에서 어떻게 작동하는지 알 수 있었다. 원자재시장은 거시 환경과 자연 현상에 매우 민감하게 움직인다. 사건과 사고는 또 얼마나 많은지, 1년에 몇 번씩은 시장을 뒤흔드는 이벤트가 발생한다. 물론 이런 이벤트에는 진짜와 가짜가 존재하는데, 그 진위를 파악하기 위해 믿을 만한 글로벌 인맥을 동원해야 할 때도 많다. 실제로 나는 인도와 러시아, 우크라이나, 싱가폴, 미국, 영국의 트레이더들과 교류하며 실시간으로 각종 이벤트의 진위 여부를 파악하곤 했다. 계약일이 도래하면 발 뻗고 잠을 잘 수도 없다. 내가 매입한 원자재들이 어떻게 움직일지 각종 거시경제 지표와 전 세계 이슈, 글로벌 인재들의 전언을 통해 분석하고 파악해야 하기 때문이다.

트레이더로 일하면서 나는 가격 예측 분야에서 이름을 날리게 되었는데, 2019년 한국인 최초로 원자재시장 최대 콘퍼런스에 세계 10대 스피커 자격으로 초대받기도 했다. 하지만 우리나라 특정 기업에 소속된 입장이다 보니 견제가 심했고 마침 코로나19까지 터지면서 결국 참여하지 못했다. 또한 꿈의 회사로 불리는 미국 경영 컨설팅그룹 맥킨지로부터 고용제의를 받았으나 여러 이유로 좌초되고, 사내 미국지사 선발전에선 공정한 면접 기회를 박탈당하는 등 개인적인 목표가 좌절되는 가운데, 다시 한번 내 삶을 돌아보게 되었다.

나는 워낙 거시경제에 관심이 많았기에 10년 동안 쌓은 지표분석 능력이나 상황 판단력을 더 좋은 곳에 활용할 수는 없을까 생각했다. 그러다 2020년이 되었다. 코로나19 팬데믹 여파로 역사상 유례없는 대규모 통화 유동성 시장에서 많은 사람이 무리한 투자를 감행했다. 그리고 2022년부터 급격히 꺾인 자산으로 인해 주변에 죽고 싶다고 말하는 이가 늘었다. 그런데도 유튜브에는 빈약한 근거와 잘못된 예측을 진실처럼 말하는 자칭 투자 전문가들이 대중들에게 거짓 정보를 흘리며 공포심을 조장하고 있었다. 그들은 대중의 피해가 속출하는 상황에서도 "투자에 대한 실패는 본인에게 있습니다"라는 마법의 문장만 읊으며 자신의 실수를 무마하기 일쑤였다.

투자로 100억 자산가가 되었다는 이들의 투자 인사이트도 내 기준에서 볼 때 형편없었다. 많은 독자가 그들의 책을 읽고 같은 방법으로 부자가 되길 꿈꾸겠지만, 그들의 방법은 '그때는 가능했지만 지금은 불가능한' 방법이었다. 빌라나 상가로 수십억을 벌었다는 이들의 강의도 불티나게 팔렸으나, 각종 정책과 경제 상황, 세금과 규제가 바뀐 현시점에는 쓸모없는 지식에 불과했다. 경기하락기에 접어들며 막대한 손실을 본 이들이 지푸라기라도 잡아볼 요량으로 출구를 찾는 마당에, 다시 거짓 인사이트에 비싼 강의료까지 지급해야 할 상황이었다. 나는 대단히 화가 났다.

이것이 내가 2022년 3월 블로그를 처음 개설하고 글을 쓰기 시작한 이유다. 나는 블로그를 통해 경제학이라는 높은 진입장벽을 낮춰, 반드시 알아야 할 기본 경제지식을 쉽게 전파함으로써 더는 많은 사람이 경제지식의 부족함으로 고통받지 않았으면 했다. 블로그는 내가 지금껏 보고 경험하며 터득한 지식과 나만의 투자 인사이트를 표출하기에 더없이 좋은 공간이었다. 블로그 이름도 '세상의 모든 시장 이야기'라고 지었다. 나의 원자재 트레이딩 경험이 실제로 주식과 부동산, 금, 채권 등 세상의 여러 자산의 가치를 알아보는 안목을 높여주었기 때문이다. 투자자를 올바른 길로 인도하겠다는 의지를 담아, 판교불패의 대표 로고로 '황금 나침반'을 정했다.

처음 블로그를 개설했을 때는 별다른 이슈가 없었다. 하지만 시간이 흐르며 거시경제 분석을 통해 내가 시장을 예측한 내용이 적중하면서 조금씩 입소문이 나기 시작했다. 요즘에는 포토샵으로 평균단가를 조작해 거짓 수익률을 광고하는 이도 많기에 단지 수익률이나 자산 내역을 캡처해 인증하는 것도 큰 의미가 없다. 나는 오직 실력으로 증명하고 싶었다. 그래서 경제 뉴스와 기사 속 각종 이슈를 토대로 거시경제를 분석하고 미국 연방준비제도Fed(이후, 연준)와 우리나라 정부, 한국은행의 움직임을 유추하며 이로 인한 금리, 환율, 부동산, 채권, 주식 시장의 변화까지 이야기했다. 때때로 나는 이런 분석을 토대로 높은 수익이 예상되는 투자처를 추천해 주곤 했다. 그렇게 추천한 종목에 투자한 이들의 높은 수익률 인증이야말로 나의 실력에 대한 확실한 검증이 되었고, 이런 것이 쌓여 지금 '판교불패'의 명성을 얻을 수 있었다.

현재 나는 낮에는 회사에서 일하고 밤에는 블로그에 글을 쓰며 산다. 글로벌시장 상황을 토대로 현 시장을 예측하고, 이를 근거로 어떻게 개인이 자산을 지키거나 불릴 수 있는지 그 방법을 소개한다. 내가 가장 좋아하는 경제 이야기를 대중의 눈높이에 맞춰 쓰고 있으니, 내 입장에서도 최고의 취미생활이 아닐까 싶다. 그리고 이제는 사람들이 기본 경제지식을 갖추고 투자에 활용할 수 있는 각종 경제지표를 보는 눈을 갖춰, 누구의 말에도 흔들리지 않고 꿋꿋이 자산을 지키고 불려나가길 바라는 마음에서 이 책을 썼다.

우리나라는 물론 전 세계 경기는 사계절처럼 늘 '경기침체, 경기회복, 경기호황, 경기하락'을 반복한다. 각 시기에 돈이 어떤 자산으로 흘러가는지 안다면, 책의 제목처럼 '올웨더All weathers' 돈을 벌고 자본주의 사회에서 불패하리라 확신한다. 그럼, 독자들의 풍요로운 삶을 기원한다.

2023년 9월,

판교불패

# 모르면 백전백패한다

# 백전백승 올웨더 투자법

# 판교불패의 투자 인사이트

# 1장

# 모르면
# 백전백패한다

# 01

# 경제문맹국,
# 대한민국

　나는 경제학을 전공했다. 하지만 학업 초반에는 낙제생이었다.
수업 시간 교수님들의 포근한 말투와 알아듣지 못하는 용어의 향연
은 꿀잠을 선사하는 ASMR 같았다. 전공을 잘못 선택한 것일까? 수
십 번 생각했다. '경제학'이라는 단어를 처음 들었을 땐, 경제학만
전공하고 나면 대단한 투자 전문가가 되어 돈을 엄청나게 벌어들일
수 있을 것만 같았다. 하지만 경제학은 경제보다 수학에 더 가까웠
고, 수업 시간 내내 '편미분'만 했던 기억이 선명하다. 그마저도 나
는 수업 내용을 100% 이해하지 못해 울면서 책을 통째로 외워 시
험을 치르곤 했다.

## 경포자의
## 고백

  그러다 군대에 갔다. 군바리 시절, 인생의 변곡점을 맞았다. '군 생활'이라고 하면 군복 입고 총 들고 훈련하는 모습만 상상하겠지만, 나는 제대 후 다시 돌아가야 할 학교를 무사히 마칠 계획을 세웠다. 휴가를 나올 때마다 경제 관련 서적을 모조리 구입해 읽었다. 지긋지긋한 경제라는 놈을 한번 이겨볼 심산이었다. 처음으로 고른 책은 영국 케임브리지대학 장하준 교수의 《쾌도난마 한국경제》였다. 책을 읽으면서 '아~ 이게 이렇게 돌아가는 거였구나' 싶어졌고, 책에 나오는 단어 중 모르는 것이 있으면 일일이 찾아 배우고 익혀 나갔다. 중국의 국제금융학자 쑹훙빙이 쓴《화폐전쟁》과 한스 피터 마르틴Hans-Peter Martin과 하랄드 슈만Harald Schumann이 함께 쓴《세계화의 덫Die Globalisierungsfalle》도 한 줄 한 줄 자를 대고 볼펜을 그어가며 읽었던 기억이 난다. 2007년도엔 SERI(삼성경제연구원)에서 경제 연구보고서를 발행했는데, 군에서 휴가를 나오면 관련 보고서를 모조리 인쇄해 책처럼 들고 다니며 읽었다. '경포자(경제학 공부를 포기한 사람)'였던 나는 뜬구름 잡는 경제학 용어들을 내가 살아서 움직이는 세상으로 끌어들이려 노력했다. 시간이 흐르면서 조금씩 돈의 흐름이 보이기 시작했고, 세상 돌아가는 일들이 자연스럽게 이해되었다.

제대하고 복학해 처음 들어간 전공 수업 시간. 이게 웬걸? 교수님의 강의 내용이 거짓말처럼 완벽하게 이해됐다. 심지어 내 생각에 관해 교수님과 논쟁까지 할 수 있는 수준이 되었다. 역시나 경제는 실전이었다. 학자들은 세상의 변수들을 단순화시킨 후 답을 내지만, 내가 경제 보고서를 읽으며 알아간 세상은 변수가 무척이나 많고 또 복잡했으며 이 같은 다차 방정식에 돈을 걸어 잃는 자와 따는 자가 명확한 곳이었다.

경제학과 세상 돈 공부에 한창 물이 올랐던 시절, 서브프라임이 터졌다. 뉴스 속에서 리먼 브러더스라는 세계적 금융기업의 간판이 떨어지는 모습이 보였다. 우리나라의 수많은 투자자가 한강을 향했다. 당시 뉴스에서 소개된 지방의 어느 할머니 이야기가 생각난다. 한평생 농사만 짓던 할머니가 은행에 갔다가 직원의 권유로 미국의 서브프라임 모기지 채권에 투자하는 상품에 돈을 넣었다가, 한순간에 평생 일군 재산을 잃었다는 내용이었다. 대학생 신분이었던 나역시 어렵게 모은 전 재산 250만 원으로 주식에 투자한 상황이었는데, 해당 기업은 상장폐지되고 말았다.

대체 언제 경제가 좋아질 것인가? 나는 스스로 질문하며 미친 듯이 공부했다. 이 서브프라임 사태는 실로 내게 큰 선물을 주었는데, 가장 큰 것은 경제적 고통은 지식의 부족함에서 온다는 깨달음이었다. 이러한 자각 덕분에 나는 살아 있는 공부를 하게 되었고, 미국과 전 세계가 얽혀 있는 금융시스템과 자산시장의 변곡점들을 차츰 이해하게 되었다. 하물며 경제학 전공자인 나도 이 정도인데, 평소 경제에 관심이 없던 일반인들이라면 어떻겠는가? 늘 돈 문제가 인생의 가장 큰 문제가 되면서도, 아직도 이에 대한 무지와 선입견으로 가득 차 있는 대한민국의 현실을 들여다볼 필요가 있을 것 같다.


## 학벌인가, 돈벌이인가?

"아들, 어디 가서 주식하고 부동산 이런 거 배워서 이상한 짓 하는 것 아니지? 나는 아들 믿는다~."

요즘 같은 시대에도, 자녀에게 이렇게 말하는 부모가 있는 것 같다. 조선시대 부모들은 어땠을까? 과거시험에서 장원급제하는 것만이 성공의 유일한 길이라며 자녀에게 학업 정진을 강요하지 않았을까? 이런 DNA를 물려받은 탓인지, 21세기에도 대한민국의 부모들은 자녀에게 SKY 대학 진학을 종용하며 공부를 강요하고 있다. 명문대 간판만 따면, 탄탄한 인맥을 토대로 사회생활도 수월하고 성공도 쉽게 거머쥐게 되리라 생각하는 것이다. 하긴, 우리나라는 본래 자원이 부족하고 덩치 큰 나라들 사이에 끼어 있어 무수한 침략을 받아온 터라, 개인이 할 수 있는 건 공부밖에 없었다. 우리나라도 미국처럼 아름다운 자연환경을 갖추고 각종 자원이 풍부했다면 달랐을 텐데, 가끔은 단군 할아버지가 원망스럽기도 하다.

단군 할아버지는 아무래도, 부동산 투자에 실패한 것 같다. 하늘에서 그저 눈으로 대충 보고 흔히 말하는 '임장(현장에 직접 나가 확인하는 일)'이라는 걸 하지 않은 모양이다. 이 땅엔 유전이나 가스 같은 돈 되는 자원이 없고, 겨울에는 영하 20도까지 내려가는 시베리아보다 춥고 여름에는 영상 40도까지 올라가는 아프리카보다 덥지 않은가. 이처럼 척박한 땅에서 살아가야 하다 보니, 부모들은 자기도 못 간 서울대에 자녀만큼은 보내고 말 거라며 자녀교육에 열을 쏟는 것이다. 그런데 그 결과가 어떤가?

2014년 스탠더드앤드푸어스에서 전 세계 '경제문맹률' 실태를 조사했다. 발표에 따르면, 우리나라는 놀라울 정도로 우수한(!) 성적표를 받았다. 우리나라의 경제문맹률은 67%였다. 이는 카자흐스탄, 케냐, 잠비아, 짐바브웨이보다 낮은 수준이었다. 해당 보고서에서 또 하나의 특이한 부분이 발견되었다. 대개 수학을 잘하는 국민일수록 금융 관련 이해도가 높게 마련인데, 실태조사에 참여한 나라 중 단 4곳이 예외였던 것이다. 그 4곳은 한국, 중국, 베트남, 포르투갈이었다. 그중 중국과 베트남은 공산주의 국가이고, 포르투갈 역시 1974년 이전까지 독재 정권 아래 있다가 민주주의로 바뀐 지 얼마 되지 않은, 민주주의 역사가 짧은 나라다. 대한민국만 유일하게 이에 해당하지 않는데, 우리나라에서 기본적인 금융지식을 갖춘

비율, 즉 금융이해도는 35세 이하가 48%, 51~65세는 27%에 불과
했다.

좋은 대학에 들어간다고, 그 대학의 대단한 선배들의 인맥이 당
신에게 집을 사주는 건 아니다. 명문대를 졸업하고 대기업에 취업
한다고, 단기간에 월급만으로 내 집을 마련할 수 있는 것도 아니다.

IMF 전만 해도 달랐다. 대학만 졸업해도 웬만한 곳에 취업할 수
있었고, 열심히 일하고 월급만 착실하게 모아도 집 한 채는 어렵지
않게 살 수 있었다. 하지만 지금 그리고 앞으로의 세상은 어떤가?
AI가 등장하면서 기존 인간이 하던 일까지 대체하기 시작했다. 미
래 대한민국은 생산가능인구가 줄어드는 만큼 일자리도 효율화되
어 더욱 줄어들 것이다.

최근 기업들의 채용 방식도 달라졌다. 옛날 그물 형태의 공채 방

경기동향지수, 경상수지, 고용률, 고정금리, 고동지수, 쏠디닥스경제,
성, 공매도, 국가신용등급, 국채, 금본위제, 금산분리, 기업공개, 기준
기회비용, 낙수효과, 금융시장, 대외의존도, 대체재, 더블딥, 디
레버리지 효과, 주식률, 마이크로 크레디트, 매몰비용, 명목금리
, 뮤추얼펀드, 뱅크런, 베블런효과, 변동금리, 보호무역주의, 전환사
화, 부가가치, 부채담보부증, 부채비율, 수, 테마주,
드 FTF), 서킷브레이커, 주도, 수요탄력성, 스압,
, ETF, 재정환율, 국채, 오버, 콘탱고상황, 선물, IRP,
, GDP, 실업수당청구건수, 지수, 기준금리, 매파, 비
금자리론, AI, 원자재, 소비, 구매자관리지수, 리츠, 경상

식을 버리고 낚시 형태로 부서 결원에 필요한 직원만 뽑고 있다. 때문에 좋은 대학이라는 간판보다 당장 부서에 써먹을 수 있는 사람인지, 개인의 이력이 중요해졌다. 자기소개서에 '서울대'란 세 글자만 써도 서류 통과는 보장되던 시절은 잊어라. 불확실한 시대에 '국영수' 중심으로만 공부시켰다간 오히려 자녀의 미래를 망칠 수도 있다는 말이다. 이러한 이유로 자녀가 어렸을 때부터 경제의 작동 원리, 주식 및 ETF 투자, 투자 멘탈 관리법 등을 가르쳐 아이가 자신의 작고 소중한 시드머니를 스스로 불릴 수 있게 해야 한다. 올해 초등학교 2학년인 딸에게도 나는 경제 조기 교육을 시작했다. 어느 날 딸애와 함께 이야기를 나눴다.

나　　매년 생일에 레고 장난감이 아닌 금을 사는 게 어떨까?

딸　　왜?

나　　금은 일단 가지고 있으면 가격이 오르지만, 레고는 그냥 장난감이고 오히려 점점 가치가 떨어지거든.

딸　　금을 가지고 있으면 가격이 올라? 왜 그런 거야?

나　　우리가 쓰는 돈 대신 금으로도 무언가를 살 수 있는데, 금은 굉장히 적어서 계속 귀해져. 그래서 오래 가지고 있으면 가격이 계속 올라.

　　이런 대화를 나눈 후 딸애는 자신이 좋아하는 유튜브 앱에서 '금'

을 검색했다. 작고 귀여운 눈을 반짝이며 스스로 무언가를 찾고 공부하기 시작했다. 그런 다음 엄마를 부르며 말했다.

**딸**  엄마, 나 이제 생일에 레고 말고 금 사줘. 그거 모아서 나중에 집 살래.

나는 종종 딸에게 장난감보다 가치 있는 것들에 관해 이야기해 준다. 또 돈을 불릴 수 있는, 즉 투자하는 방법도 알려준다. 그리고 아이가 좋아하는 과자나 최신형 스마트폰 같은 것도 그렇게 투자해서 번 돈으로 살 수 있다고 설명해 준다. 이런 설명을 들을 때 아이의 눈이 반짝인다.

부모가 아이에게 직접 주식을 사줄 것이 아니라 소개해 주고 그 유용함을 알려주면, 아이 스스로 공부한다. 투자를 하려면 실제로 어느 정도의 지식이 필요하기에 해당 섹터들을 공부할 수밖에 없다. 또한 최신 정보는 한국어보다 영어로 더 빠르게 전파되므로 자연스럽게 영어의 중요성도 느끼게 될 것이다.

나도 못 간 서울대를 자녀에게 강요하지 말자. 10살부터 투자를 시작한다면 자녀가 고등학교를 졸업할 때쯤 투자 경력 10년 차가 된다. 어릴 때부터 돈을 굴리는 연습을 한다면, 커서 부자가 될 확률이 더욱 높아지지 않을까?

# 아무도 알려주지 않는
# 대출 이야기

일상 속 여러 장소에서 엿들은 이야기를 토대로 현시점 우리나라의 경제 인식 수준을 짚어보고자 한다.

### | 사례1 | 편의점 옆 테이블의 20대들

속이 출출해 편의점에 들러 도시락을 사서 먹고 있었다. 그런데 옆 테이블에 고등학교를 갓 졸업한 20대 초반쯤 되어 보이는 아이들 사이에 이견이 있어 보였다.

"대출을 받아서 집을 산다고? 그럼 어차피 그거 빚이잖아. 전부 네 돈으로 산 것도 아니고 말이야. 우리 부모님이 그러는데 그렇게 집을 사면 패가망신한대. 착실하게 모아서 자기 돈으로 사야 진짜 자기 집이지."

한 남자아이가 그렇게 말하자, 맞은편에 앉은 여자아이가 약간 주눅이 든 목소리로 말했다.

"아니~ 그래도 작게나마 내 집을 하나 마련한다는 게 어디야? 나는 일하면서 천천히 갚아나갈 거니까 대출을 받아 집을 사는 게 나쁜 건 아닌 것 같아."

하지만 여자아이의 대답에 친구들은 고개를 절레절레 흔들며, 은행 빚을 내서 집을 마련하면 정말 큰일이라도 날 것처럼 반응했다.

## | 사례2 | 치킨집의 30대들

아내가 저녁에 간단히 치킨을 먹자고 해, 배달비가 아깝고 음료수도 살 겸 치킨집을 찾았다. 주문한 치킨이 나오기만을 기다리고 있는데, 출입구 쪽 테이블에서 20대 후반에서 30대 초반쯤 되어 보이는 청년들이 하는 이야기가 들렸다.

"야, 뭐? 영끌로 집을 사겠다고? 그거 다 빚이야. 잘 생각해 봐. 정부에서 공시지가 정상화한다고 하지? 그럼 세금 때문에 사람들이 집을 엄청 내놓을 거야. 대출이자는 또 어떻고? 대출받은 돈은 네 돈이 아니잖아. 평생 빚만 갚다가 죽을걸? 공시지가 현실화 때문에 너만 힘들어진다고."

좀 크다 싶은 목소리로 한 친구가 앞에 있는 친구에게 조언하고 있었다. 하지만 그 친구도 그에 질세라 대답했다.

"아니, 그렇다고 해도 집값은 매번 오르잖아? 지금 아니면 또 언제 집을 살까 싶은데? 빚을 낼 수만 있으면 최대한 내서 지금이라도 내 집 장만을 하는 게 맞지 않아?"

## | 사례3 | 회사 후배

인천에 출장을 갔다가 회사 후배랑 어느 갈빗집에서 점심을 먹게 되었다. 세상 돌아가는 이야기와 재테크 관련 수다를 떨다가, '판교불패'라는 아이디로 블로그를 운영 중이라는 이야기도 하게 됐다. 우리의 대화는 다음처럼 흘러갔다.

후배    주로 무슨 내용을 포스팅하세요?

나    뭐~ 시시콜콜한 부동산 이야기랑 거시경제 분석 같은 거?

그러자 결혼을 앞둔 후배가 자신의 신혼집 마련 고민을 꺼냈다. 그는 사실 좋은 차부터 사려고 했는데, 내 이야기를 듣다 보니 집부터 마련해야 되나 싶다고 했다. 나는 후배의 생각 변화를 반기며, 집을 사려면 어느 정도 대출을 받아야 하는지, 또 이자는 어떻게 갚아 나가면 되는지 자세히 설명해 주었다. 또 두 신혼부부의 예산에 맞는 집을 구하려면 어느 지역을 돌아보면 되는지 부동산 위치까지 알려주려고 하는데, 그가 서둘러 말을 끊었다.

후배    아, 그런데 그렇게나 큰돈을 대출받아 집을 사려는 걸 부모님이 아시면 혼내실 것 같아요….

나는 그 정도 대출에 대한 이자가 후배가 받는 월급에서 감당할 수 없을 정도의 금액이 아니라는 사실을 알려주면서, 그보다 빨리 치솟는 집값 사이에서 어떻게 옮겨타면 되는지, 어떻게 대출을 효율적으로 관리할 수 있는지도 덧붙여 설명해 주었다. 하지만 후배는 그 모든 내용을 머리로는 충분히 이해한다고 하면서도, 여전히 부모님의 타박을 걱정했다.

어떤가? 이런 몇 가지 사례만 봐도 우리나라의 경제 인식 수준이 어느 정도인지 여실히 드러난다. 경제 규모 순위로는 세계 10위권 안에 드는 대한민국이지만, 그 수준에 걸맞지 않게 부모들은 자녀들에게 자산의 미래 가치와 대출에 관한 교육을 잘못하고 있다. 왜 그럴까? 1980년대엔 바로 옆 나라 일본이 부동산 버블 붕괴로 잃어버린 20년을 지나는 걸 목격했고, 1990년대엔 IMF를 겪으며 무리하게 대출받은 이웃의 재정 파탄이 가족 붕괴로 이어지는 걸 보았기 때문일 것이다. 또 현시점 우리나라의 대출제도엔 DSR(총부채원리금상환비율) 40%가 적용되어 영끌도 할 수 없는 수준이기도 하다. 이처럼 우리나라 정부는 꾸준히 주택에 대한 담보대출 관리를 해왔다. 이러한 이유에서인지 우리의 부모 세대는 대출에 대한 혐오감 혹은 깊은 우려를 드러내며 자녀들에게 절대로 대출만큼은 받지 말라고 가르치고 있다.

대한민국 서울의 PIR(가구소득 대비 주택 가격 비율)은 18까지 치솟았다. 직장인이 월급을 한 푼도 쓰지 않고 모아서 집 한 채를 마련하는 데 18년이 걸린다는 이야기다. 그런데 18년이 지나면 그 집값이 더욱 높아져 있지 않을까? 돈의 가치는 매년 낮아지기에 물건의 가격이 올라가는 것은 당연하다. 돈의 가치가 얼마나 낮아졌냐고? 2017년 기준 37년 전 물건의 가격, 즉 물가는 기본 10배 이상 올랐다. 그만큼 돈의 가치가 낮아졌다는 말이다. 그러니 인플레이션으로 인한 화폐 가치 하락에 대한 이해 없이 내 집 마련을 무조건 미루는 것만이 상책은 아니다.

정부는 과도한 물가상승은 기준 금리 상향으로 경계하면서도, 화폐경제 사회에서 평균물가목표제AIT 2%를 따르고 있다. 무슨 말인가? 무조건 매년 2% 정도는 돈의 가치가 낮아진다는 이야기다. 이것이 바로 중앙은행의 핵심 목표다. 그렇다 보니 시간이 지날수록 돈의 가치는 낮아지고 자산의 가격은 자연스럽게 오를 수밖에 없다. 당연히 부동산의 가격도 오른다.

그럼, 일단 대출을 받아서 집을 사면 어떻게 될까? 물건, 즉 집의 가격이 현시점에서 고정된다. 이렇게 멈춰놓은 가격에 맞춰 대출받은 금액에 대한 이자도 시간이 지나면서 자연스럽게 줄어든다. 아니, 이게 무슨 말이냐고? 좀 더 쉽게 예를 들어보자. 집을 구입하기 위해 주택담보대출 30년을 실행해 돈을 대출받을 경우 원리금균등 상환으로 당신이 갚아야 할 '대출이자＋원금'이 월 200만 원이라고 해보자. 그런데 사회의 모든 물가가 오르면, 당신의 임금 역시 쥐꼬리만큼이라고 해도 오를 수밖에 없다.

1990년 삼성전자의 대리급 월급은 73만 원이었다. 그로부터 30년 뒤인 2020년 같은 회사 대리급 월급은 최소 300만~400만 원이다. 이를 감안하면 추후 30년 동안의 대출이자 체감 부담이 점차 낮아진다는 이야기다. 이 정도의 기본 지식만 있어도 대출을 받아 집을 사는 것에 대한 두려움이 상쇄될 것이다. 오히려 대출이야말로 생활을 안정시켜주는 보험 같은 것이라는 생각이 들지 않는가?

부모 세대와 비교할 때, 우리가 차원이 다른 인플레이션을 맞이하고 있다는 것은 분명하다. 다만 우리가 살고 있는 세상의 경제 체제는 '화폐 가치 하락 & 자산 가치 상승'으로 명확하게 세팅되어 있다. 그러니 아주 좋은 타이밍에 기회를 잃으면 좀처럼 회복하기 힘들다. 더 나은 미래를 꿈꾼다면 하루라도 빨리 '바른 경제지식'을 쌓고 실행해야 한다. 시장은 당신을 기다려 주지 않으니 말이다.

## 일상 속 금지어,
## 경제

학교에서 경제나 재테크 관련 이야기를 꺼내면 어떻게 될까? 대학 가는 데 불필요한 이야기이니 조용히 하라고 할 것이다. 어린 녀석이 벌써 돈을 밝힌다고 비난받을지도 모를 일이다. 직장에선 어떤가? 회식 때 투자나 재테크 관련 몇 개 단어만 꺼내도 벌주가 내려진다. 이처럼 우리나라 사람들은 경제 관련 투자 행위에 알레르기 반응이라도 일어나는 모양이다. 하지만 그렇게 여러 사람이 모일 때는 불편한 기색을 여실히 드러내면서도 막상 친근한 사이에서는 하나같이 내 집 마련이나 노후를 위해 돈을 어떻게 굴려야 하는

지 등의 고민을 털어놓기 바쁘다.

직원들과 차를 마시는 자리에서 월급을 어떻게 굴리고 있느냐는 질문에 부동산 투자를 하고 있다고 대답하니, 크게 웃는다. 그 옛날 강남 복부인을 떠올린 모양이다. 하지만 자본주의 사회에서 할 수 있는 경제활동이란, 열심히 일해서 근로소득을 얻는 것뿐 아니라 이를 다시 투자로 불리는 자산소득 시스템을 갖추는 것이다. 투자는 필수란 이야기다.

직장에 어쩌다 부동산을 여러 채 소유했다는 사람의 이야기가 돌면 다들 그를 견제하기 바쁘다. 그가 어떻게 부동산 자산을 마련했는지, 어떻게 자산을 굴리고 있는지에 관해서는 딱히 궁금해하지도 않는다. 그저 그 사람은 회사일을 소홀히하고 투자나 하러 다니는 이기적인 사람으로 매도될 뿐이다. 주식 투자로 큰돈을 벌었다고 해도 크게 다르진 않다. 신성한 노동으로 돈을 모아갈 생각은 않고, 도박판의 타짜처럼 위험하게 돈을 걸어서 어쩌다 운 좋게 돈을 딴 사람으로 여겨진다.

그런데 여기, 시퍼런 진실이 있다. 사람은 죽을 때까지 일할 수 없다는 것이다. 인간의 육체는 한계가 있다. 우리 모두 언젠가 회사를 떠나야 하고, 늙고 쇠약해진 몸으로 돈을 벌 수 없는 시기가 온다. 이러한 이유로 죽을 때까지 먹고살 별도의 수익처를 마련하는 것이 대단히 중요한데도, 또 그 수단 중 하나가 투자인데도, 사회에서 돈 이야기는 재미없고, 수준 낮고, 자칫 위험하기까지 해서 쉽게 꺼내서는 안 될 금지어가 되었다.

돈 관련 이야기를 남의 눈치 보지 않고 즐겁게 떠들 수 있는 곳이 있다. 바로 자신이 누구인지 밝히지 않아도 익명으로 활동할 수 있는 온라인 세상이다. 이것이 내가 회사가 아닌 블로그에서, 본명이 아닌 닉네임으로, 경제 관련 지식과 투자 이야기를 풀어놓게 된 이유이기도 하다. 경제 이야기를 금지함으로써 벌어지는 문제는 따로 있다. 아무리 직장생활을 오래 해도 진짜 부자가 누구인지 알 길이 없기에 직장인이 부자가 되는 방법을 생생히 배울 기회를 얻을 수 없다는 것이다. 월급만으로는 부자가 될 수 없고, 노동의 기한은 한정되어 있는데도, 이에 대한 이야기를 금지하는 사회, 대한민국 사회는 우리를 점점 바보로 만들고 있다.

# 세상 나쁜
# 집주인 놈들

2023년 현시점 대한민국의 분당, 일산, 평촌, 산본, 중동까지 약 678만 명이 거주하는 1기 신도시에는 재건축 추진 바람이 일고 있다. 건설된 지 30년이 된 이 아파트들의 상수도관은 녹슬 대로 녹이 슬었다. 이런 아파트에 사는 엄마들은 녹슨 관을 타고 나오는 물을 끓여서 아기에게 분유를 타 먹이고 있는 실정이다. 주차 공간 또한 턱없이 부족해서 3중, 4중 주차까지 이어져 삶의 질이 떨어진다. 그런데도 1기 신도시 재건축의 필요성을 어필하고 추진을 옹호하는 기사에 달리는 댓글은 살벌하기 짝이 없다.

"본인들 이익만 챙긴다" "진정한 적폐 세력이다" 등. 사람들은 1기 신도시의 아파트 소유주들을 그저 돈에 눈이 멀어 호시탐탐 집값 올리는 데만 혈안이 된 '집주인 놈'으로 매도한다. 그런데 한번 생각해 보자. 1기 신도시 재건축에 국가의 세금이 들어가는가? 아니다. 1기 신도시 거주자들은 본인의 집을 재건축하면서 땅을 기부 채납하고 그곳에 인프라를 건설한다. 지자체 또한 재건축으로 발생한 일반분양 물건을 통해 더 많은 취득세를 거두게 되고, 국가는 재건축으로 가치가 올라간 집값에 더 많은 재산세를 징수한다.

재건축 아파트를 매도할 때는 또 어떤가? 정부는 세대수 증가로 더 많은 양도세를 징수할 수 있다. 그렇다면 이렇게 모인 세금이 누구를 위해 쓰일까? 우리나라 전국 지자체의 세금 씀씀이를 정밀히 조사한 적은 없지만, 내가 거주하는 분당구를 보면, 2022년 본예산 세출 2.6조 원 중 사회복지 예산이 전체의 41.8%(약 1.1조)가량으로 가장 많이 쓰였다. 아마도 저소득층에게 더욱 많이 돌아갈 이 같은 예산이 전체 예산의 높은 비중을 차지하는 것이다. 재건축으로 부동산 가치가 올라가면, 중앙정부 역시 예전보다 더 많은 양도세, 재산세, 소득세 등을 가져가게 될 것이다.

다주택자들에 대해서도 생각해 보자. 그들 역시 척결해야 할 적폐 세력인 걸까? 전세 사기가 이슈가 되면서 집주인들은 '국민사기꾼', '무기징역감', '적폐인간' 등으로 내몰리고 있다. 그들 중에는 온라인상에서 '나쁜 집주인 놈'이라는 이름표를 부여받고 얼굴이 공개되어 온갖 조롱과 폭언을 듣는 이도 있다. 정말로 나쁜 집주인에게 사기를 당해 전 재산을 잃은 분들의 사연은 매우 안타깝지만, 집주인 모두가 나쁜 놈은 아니다. 우리나라에는 '부자는 가난한 이들의 돈을 빼앗아가는 나쁜 놈', '빈자는 청렴하고 연약하고 소중한 절대선' 같은 고정관념이 있다. 이러한 프레임 덕분에 국가의 정책은 언제나 약자를 향하게 마련이다. 그런데 주변을 한번 둘러보라. 1주택 이상을 소유한 다주택 집주인들도 그리 부자가 아니다. 오히려 국가에 각종 세금을 갖다 바치는 캐시 카우Cash Cow에 불과하다.

사회적 약자라고 여겨지는 전세 세입자를 보호하기 위해 제정한 '임대차 3법'이 통과되었던 당일, 많은 세입자가 만세를 불렀다. 기본 2년 전세보증금을 단 5%만 인상할 수 있고 추가로 2년을 더 살 수 있다니 얼마나 꿈같은 혜택인가? 하지만 시장은 그리 호락호락하지 않았다.

다음날부터 부동산의 전세가격이 일제히 상승했다. 2년에서 4년으로 계약이 바뀌었으니 2년 치 물가상승분에 추가 2년 물가상승분을 얹어 4년 치로 계산해 전세가격을 책정해야 한다는 것이 집주인들의 논리였다. 경제적 관점에서는 반박할 여지가 없었다. 결국 임대차 3법으로 오른 전세가격은 부동산 매매가격과의 금액적 차이를 줄였고, 이로써 다시 갭투자(부동산의 매매가격과 전세가격의 차이를 이용해 집을 매수하는 것)가 성행하게 되었다.

## 전세제도의 본질

전 세계에서 유일하게 우리나라에만 있는 전세제도에 관해 자세히 알아보자. 전세제도란 집주인이 본인 소유의 주택을 세입자로부터 보증금을 받고 빌려주는 것을 말한다. 전세제도엔 어떤 장점이 있을까? 집주인 입장에서의 장점은 세입자에게 주거 서비스를 제공하는 대신, 주택 가치의 50~80%에 달하는 큰 규모의 자금을 이자도 없이 단번에 조달받을 수 있다는 것이다. 우리나라 DSR이 40%임을 감안하면 사실상 DSR보다 더 좋은 조건과 가격에 돈을 조달받는 것이 가능하다. 전세 세입자에게도 장점이 있다. 전세보증금의 상당액을 본인이 모은 재산 혹은 적은 대출로 충당할 수 있다면 월세보다 낮은 비용으로 주거 문제를 해결하고, 주택 소유 시 따르는 가격 변동 위험이나 세금 리스크를 회피할 수 있으며, 퇴거 시엔 보증금 전액을 돌려받을 수 있다는 점이다.

하지만 대한민국 현시점, 전세 사기꾼 몰이와 적폐세력 취급으로 다수의 선량한 집주인까지 욕을 먹고 있다. 부동산시장이 '집주인 VS. 세입자' 구도로 느껴질 정도다. 이러한 왜곡된 구도 속에 승자는 누구인가? 이 같은 장기판의 최고 승자는 정부일 수밖에 없다. 집주인도 세입자도 둘 다 패배자다. 대한민국 정부는 온갖 징벌적 과세로 다주택자들에게서 돈을 가져갔다. 정작 정부가 욕을 먹지 않은 건, 적절히 욕을 먹어줄 사람이 있었기 때문이다. 이 시대 부동산과 관련된 프레임을 살펴보자. 세입자는 서민, 정부는 정책을 통해 서민을 돕는 기관, 다주택자는 세상 나쁜 부자 놈들이다. 왜 우리나라 사람들은 '투자'를 통해 거부가 된 세계적 자산가들에게선 그들이 부를 거머쥔 법을 배우려고 하면서, 우리나라 부자들은 그저 '나쁜놈'이라 치부하게 된 것일까? 냉정하게 생각해 봐야 한다.

집주인을 향한 정부의 징벌적 과세는 결국 월세 인상으로 돌아올 수밖에 없다. 이를 '조세전가'라고 한다. 그런데 이 때문에 집을 가진 자는 더 많은 돈을 벌게 될까? 아니다. 올라간 월세는 고스란히 정부로 들어간다. 다주택자가 자신 소유의 집에 전세 세입자를 들이면 실제 손에 쥐는 소득이 없어도, 정부는 '간주임대료'라는 세목으로 전세보증금의 2%를 떼간다. 세금이 2%나 되기에 전세보증금을 그대로 은행에 두었다간 손해다. 손해 보지 않기 위해서라도 다시 투자를 해야 하는 것이다.

지난 몇 년간, 영끌로 부동산을 매입한 사람이나 주택의 매매가 격과 전세가격의 차이만큼 투자해 부동산을 소유하게 된 사람, 부 동산을 매도하여 시세차익을 얻은 사람 모두 '투기꾼'이 되어 대한 민국 자산시장의 거품을 만든 주범으로 매도당했다. 하지만 부동산 이든 주식이든 자본주의 사회에서 경제활동을 하는 이들에게는 똑 같은 투자 대상이다. 투자를 통한 리스크 역시 자산을 소유한 사람 이 짊어져야 할 몫이다.

확실한 것이 하나 있다면, 대한민국 정부 재정에 크게 일조한 이 들은 다름 아닌, 영끌이든 갭투자든 부동산에 투자한 사람들이라는 사실이다. 이들이 국가에 납부한 취득세와 양도세, 지방세야말로 작은 땅덩이와 부족한 자원으로 힘든 대한민국을 경제 규모 10위 권으로 끌어올리는 데 밑거름이 되었을 테니 말이다.

## 속지 마라, 빅데이터와 AI

빅데이터와 AI는 요즘 핫한 키워드다. 나는 매일 수많은 데이터 를 보고 여러 자산의 시세 변화를 분석한다. 부동산 가격이 오르는

지역과 가격이 하락하는 요인도 오로지 데이터로 분석한다. TV나 유명 유튜브 채널에 출연하는 전문가들 역시 빅데이터를 이용한다, AI를 이용한다 하면서 자신의 주장을 정당화하곤 한다. 그럴 때마다 나는 묻고 싶다. "빅데이터가 말하는 대로 했다면서, 왜 틀리죠?" 방대한 데이터로 내린 결론이 틀린다고? 수학 공식처럼 '1+1=2'라는 풀이로 답을 냈는데, 왜 틀리냐 이 말이다. 그들 중 누군가는 "중간중간 틀릴 수 있는데, 길게 보면 맞는다"고 말하며 자산은 장기투자 상품이라고 둘러댄다. 그렇다면 굳이 빅데이터와 AI를 운용할 필요가 없지 않은가? 이쯤 되니, 통계를 근간으로 한 '생존자 편향Survivorship bias'에 관해 이야기할 필요가 있겠다.

바야흐로 2차 세계대전 당시, 미 해군은 전투기들이 계속해서 격추되자 전투기의 생존율을 높이기 위해 무엇을 강화해야 할지 찾기 시작했다. 전쟁터에서 귀환한 비행기의 기체를 조사해 보니, 엔진 부위에는 거의 총알 자국이 없었고 가장 많은 총알이 동체에 박혀 있었다. 그렇다면 전투기의 생존율을 높이려면 어느 부분을 중점적으로 보호해야 할까? 에이브러햄 왈드Abraham Wald라는 박사가 말했다. "엔진 부분을 강화해야 합니다." 이를 듣고 많은 연구자가 비난을 쏟아냈다. "아니, 대체 통계라는 걸 할 줄은 아나? 당신 눈에는 이게 안 보여? 동체에 총알 자국이 이렇게나 많은데 말야?"

결론은 무엇이었을까? 미 해군은 왈드 박사의 말대로 비행기의 엔진 부분을 더욱 강화했고 전투기의 생존율은 한층 높아졌다. 해당 통계의 오류는 바로, 살아서 귀환하지 못한 전투기들을 조사하지 않아서 나타난 것이었다. 주요 부분인 엔진에 총알이 박힌 격투기는 모두 격추되었기에 이를 통계에 넣지 못한 것이다. 이것이 바로 생존자 편향 오류이다.

부동산과 주식 차트를 분석할 때도 이러한 오류가 자주 발생한다. 특히 부동산 분야에서 두드러진다. 부동산 전문가들이 데이터를 운영하는 것을 보면, 평균데이터 혹은 숫자로 나와 있는 것들만 이용할 때가 부지기수다. 부동산이라는 거대 시장을 예측하면서 매우 한정적인 데이터만 이용하고 있는 것이다. 게다가 우리나라의 중앙은행인 한국은행과 미국이 발표하는 기준금리 데이터는 이용하지도 않는다. 그들은 부동산의 미래가격을 예측하면서 후행지표인 매매 가격과 전월세 가격, 매매 물량, 거래량, 한국부동산원의 각종 데이터를 이용하는 데 그친다. 나는 지금껏 부동산 데이터 전문가들이 선행지표를 이용하거나 이에 관해 설명하는 걸 본 적도, 들어본 적도 없다. 데이터에 대한 설명도 결국 개인의 주의 주장 혹은 인사이트에 지나지 않는다. 세상에서 가장 모호한 단어들이 사용되기도 한다. '축적된' '잠재된' '응축된' '에너지' 같은 것을 수치화하는 것이 가능할까? 당연히 안 된다. 이런 말을 쓴다는 건 데이터를 분석할 필요가 없다는 뜻이기도 하다. 그렇다면, 진정한 데이터 분석이란 어떤 것일까?

"A는 B의 선행지표이고 이 A 지표를 검증했더니 거의 92% 확률로 선행했다. 후행/동행/선행 데이터의 종합적 추세로 예측모델에 넣어본 결과, 값은 단기에는 ○○억 원, 장기에는 ○○억 원이라는 결과가 추출됐다. 예측모델 산식은 다음과 같다(후략)."

이것이 바로 빅데이터에 의한 통계적 접근 방식이자 결론이다. 그런데 우리 주변에는 데이터 분석을 해주겠다면서 그저 대중에게 익숙하지 않은 단어를 중간중간 섞어 본인의 지식만 뽐내기 바쁜 전문가들이 너무 많은 것 같다. 실제로 내가 전 세계 여러 지수와 기준데이터를 다루면서 겪었던 일로 보건대, 빅데이터는 누군가의 예측 뇌피셜을 숫자로 만들어주는 도구일 때가 많았다. 부동산 KB 주간시계열을 토대로 이야기해 보자.

우선 집값을 예측하기 위해서는 상관계수 분석이 필요하다. 아주 쉽게 말하자면, A와 B 두 지표가 오르고 내리는 것이 서로에게 영향을 주느냐 주지 않느냐를 비교하는 것이다. 마이너스가 나오면 A 지표가 내릴 때 B는 오르고, 플러스가 나오면 A 지표가 오를 때 B도 오른다. 1과 −1을 기준으로, 1이나 −1에 가까울수록 이러한 관계가 더 깊다고 보면 된다.

KB 주간시계열에서, 부동산의 전세가격과 전세거래지수 사이의 상관계수를 뽑아보자.

2015~2019년 연평균으로 관계를 계산하면 −0.93%

2009년 1~4월 월평균으로 관계를 계산하면 −0.16%

이때 −0.5% 이상이면 유효한 값이 되지만, 시간에 따라 숫자가 확연히 달라지기도 한다. 엄청나게 유효해 보이는 결과도 시점을 조정하면 아예 무의미한 분석이 되기도 한다. 확인 기간이나 평균을 내는 방식 등에 따라 같은 데이터를 가지고도 내 입맛대로 결론을 내릴 수 있다는 말이다. 중간에 내 생각대로 답이 나올 수 있게 사람 손으로 일일이 변수를 갈아 끼우고, 내가 옳다고 생각하는 방향으로 숫자를 그럴 듯하게 조정할 수도 있다. 그렇게 나온 결과들을 보고 대중은 역시 빅데이터는 정확하다며, 전문가들을 추켜세운다. 그런데 정말 그런가? 그저 중간에 사람 손이 개입해 말로 할 것을 숫자로 표현한 것이라고 보면 된다.

하지만 현대의 대단한 기술을 동원해도 숫자로 표현할 수 없는 요인들이 있다. 정책도 가격의 주요 변수 중 하나인데 이를 숫자로 표현할 길이 없다. 대중의 시장심리도 마찬가지다. 이를 숫자로 표현하는 건 쉬운 일이 아니다. 숫자로 표현할 수 없으면 데이터로 활용하기 어렵고, AI 역시 분석하기 어려워진다. 이것이 바로 많은 사람이 신뢰하는 빅데이터와 AI 예측의 함정이다.

# 인구절벽론자들이
## 모르는 것

'대한민국의 인구는 지속적으로 줄어서 미래에는 집값이 폭락하고 말 것이다.' 그럴듯해 보이는 의견이다. 그렇다면 '우리 아이가 대학에 들어갈 때는 정원이 부족하고 대학이 남아돌아서 누구든 대학에 들어갈 수 있을 것이다'라는 말은 어떤가? 이는 사실 인구절벽론자들이 심심찮게 하는 이야기다. 그런데 정말 그럴까?

현시점 대한민국의 합계출산율은 0.7명으로 역대 최저다. 그러니 어린이집과 유치원이 남아돌아 원비도 엄청 저렴하고 들어가기도 수월한가? 2016년부터는 숫자가 적힌 탁구공으로 유치원 입학 추첨을 했다. 공립유치원 들어가기는 하늘에 별 따기가 되었고, 영어유치원이 더욱 고급화되면서 원비만 200만 원이 훌쩍 넘는다. 물론 폐업 후 요양원으로 변신한 산후조리원이나 유치원도 있다. 이는 시장 논리상 경쟁에서 살아남지 못해서다. 수요보다 공급이 줄면서, 유치원들은 한층 더 고급화되고 원비도 비싸졌다. 자녀를 둔 가정마다 '우리 애도 영어유치원에 보내야 하나' 고민하면서 레벨 테스트 통과를 위해 3~4살 된 아이에게까지 과외 선생님을 붙이는 실정이다. 형편이 여의찮아 자녀를 영어유치원에 보내지 못한 가정도 머리를 짜내고 짜낸다. 낮은 출산율로 누구나 유치원에 쉽게 들어갈 수 있는 상황이라면, 왜 이처럼 부모들이 기를 쓰고 자녀를 영어유치원이나 특수 유치원에 보내려고 하는 것일까? 원비는 일반 유치원보다 몇 배나 비싼데 말이다.

초등학교도 한번 볼까? 대한민국 교육부도 철저하게 경제논리를 따진다. 국민의 소중한 세금으로 운영되기 때문이다. 예를 들어, 도서산간지역을 제외한 일반 초등학교에 한 반이 25명인데 그중 1명이 전학을 가서 24명이 되면 어떻게 될까? 교사 1명을 줄이고 반하나를 아예 줄인다. 이것이 삼엄한 경제논리다. 교육부는 강력한 정책으로 대학 정원 축소에 나서고 있다. 이에 지방의 여러 사립대가 계속 사라지고 있다. 그럼에도 서울대는 여전히 상위 1% 이하의 아이들만 들어갈 수 있다.

이와는 결이 다르지만, 자동차와 휴대폰 이야기도 해보자. 자동차는 본래 사고가 없으면 10년 정도는 거뜬히 탈 수 있다. 그런데 매년 아니 매달 신형 모델이 쏟아져 나와도 불티나게 팔린다. 판매량 기준 현대자동차는 전 세계 TOP 5에 올랐는데, 2022년 기준 전체 매출 65조 중 인구 5,000만 명에 불과한 우리나라의 내수매출액이 28조에 달한다고 한다. 매출액 43%가량을 국내 소비자로부터 번 것이다. 휴대폰 역시 마찬가지다. 매년 신규 휴대폰이 쏟아져 나온다. 5년 이상도 무리 없이 쓸 수 있지만 많은 사람이 1~2년마다 휴대폰을 교체한다. 무슨 의미인가? 인간이란 본디 탐욕적이지만, 새것에 대한 인간의 사랑이 얼마나 대단한지 짐작할 수 있는 부분이다.

앞서 언급한 사례들을 종합해 부동산 이야기로 돌아가 보자. 인구가 줄어드니 앞으로 집값이 폭락한다고? 그렇다. 폭락할 것이다, 어떤 집은. 집이 남아돌 것이다, 어떤 곳은. 지어진 지 50년, 100년되어 콘크리트 수명만큼이나 오래된 집들은 남아돌 것이다. 인구가줄면 건설사들은 수지타산이 맞지 않으므로 재건축이나 리모델링을 하지 않을 것이다. 그렇게 되면 70년 된 낡은 아파트에는 쥐들이뛰어다니고 싱크대나 샤워기에선 녹물이 나온다. 결국 이런 곳에는많은 사람이 거주하지 않을 테니 들어가 살고자 한다면 공짜로 들어가 사는 것도 어렵지 않을 것이다.

"김 과장, 서울에 리버뷰힐수레이투와 마운틴푸루지오 공급은 계획대로 진행할 생각인가? 인구가 이렇게나 줄어드는데 미분양이나서 회사 망하면 자네가 책임질 텐가?"
"LH사장님, 3기 신도시 세금을 들여서 땅 보상과 건설비에 엄청난 비용이 들어간 것 아시죠? 그런데 인구감소로 공실이 나면 사표 쓰세요!"

아마 이런 이야기들이 심심찮게 나올 것이다. 인구감소로 수요가 계속 줄어드는데 왜 공급은 현재와 같을 거라고 생각하는가? 회사가 더 많은 수익을 내려면, 공급을 수요보다 줄여서 비싸게 팔아야 한다. 그것이 남는 장사다. 이는 영어유치원이 생기고 원비가 올라가는 원리와 같다. 민간 건설사는 자선단체가 아니다. LH 역시 국민의 혈세를 한정 없이 퍼줄 수 없다. 기존 주택이 남아도니 공급은 필요 없다고? 콘크리트 수명이 100년 이상 간다고?

"여보, 옆집 개똥이네는 이번에 리버뷰힐수테이투 아파트에 입주한대. 모든 시스템이 전자동인 최신식 아파트래. 자재도 다 고급이고 내부 구조도 잘 빠졌더라고. 단지 내 영화관에 수영장에, 골프장에 … 너무 부러워. 녹물 나오는 우리 아파트랑은 차원이 다르다니까. 우리도 빨리 돈 모아서 그 아파트로 이사 가자. 여긴 주차도 불편하고, 층간소음도 문제고, 계절이 바뀔 때마다 벽이 쩍쩍 갈라지질 않나, 세탁실은 또 어째 곰팡이 천국이라니까! 정말 쾌적한 곳에서 아이 키우고 싶어, 여보~!"

이런 대화가 오가지 않을까? 휴대폰만 해도 1년마다 한 회사에서만 3~4개의 신제품이 나오는데, 너무나 사고 싶게 나온다. 내가 쓰는 휴대폰도 나온 지 고작 1년밖에 안 된 신형이지만 새 휴대폰을 가지면 다른 사람들과는 다르다는 확실한 우월감을 느낄 수 있을 것 같다. 이것이 현실이다.

인구절벽론을 근거로 부동산 폭락을 주장하는 사람들은 인간의 욕망과 기업의 경제논리를 전혀 파악하지 못한 것 같다. 집을 매수할 사람이 줄어드는데 어떤 건설사가 공급을 과다하게 늘려 분양하겠는가? 몇 번의 공급초과 과도기에서 인구가 줄어 미분양이 발생하면, 건실하지 못한 건설사들은 시장에서 사라질 것이다. 그럼 어떻게 될까? 소수의 건설사만 시장에 남아 인간의 욕망을 자극해 더욱 살고 싶은 아파트를 짓고 더욱 비싼 가격에 분양해 소비자들을 유혹할 것이다.

만약 당신 곁에 향후 10~20년 안에 집이 남아돌게 되어 집값이 폭락할 테니 임대아파트에 거주하면서 버는 월급은 그저 현재의 즐거움을 위해 쓰겠다는 사람이 있다면, 거리를 두자. 수요와 공급은 시장이 자연스럽게 맞춘다. 이것이 바로, 경제학의 아버지 애덤 스미스Adam Smith가 이야기한 '보이지 않는 손'이다.

# 02

# 언어장벽
# 돌파하기

## 경제는
## 돈의 배분과 사용

'경제'라는 단어는 한자어다. 두 개의 한자, 經(경)과 濟(제)로 구성되어 있다. 한자 '經'에는 짜다, 이다, 건너다, 지나가다 등의 뜻이 있는데, 경제라는 단어에서는 '올바르게 이루어지도록 관리하거나 다스린다'는 의미로 해석된다. 또 한자 '濟'에는 건너다, 돕다, 넘치다 등의 뜻이 있으며, 경제에서는 '도와서 균형을 맞춘다'는 의미로 해석 가능하다. 종합하면, 경제는 사물을 잘 다스리고 조절하여 사회의 균형을 이루는 것이라고 할 수 있다. 우리는 자원이 효과적으로 배분되고 사용되어 이를 통해 사회의 발전이 이루어질 때 경제가 좋다고 이야기한다.

일상에서 우리는 끊임없이 경제적 결정을 한다. 아침에 일어나서 커피를 직접 내려 마실지 카페에 들러 사서 마실지, 집에서 직접 식사를 준비할지 주문할지 혹은 외식을 할지 중에서 결정하는 것도 제한된 시간과 돈이라는 자원을 어떻게 사용할 것인가에 대한 경제적 결정이다. 심지어 TV를 켜서 여러 프로그램 중 어느 채널을 시청할지 정하는 것도 경제적 결정이 될 수 있다.

이처럼 우리는 일상을 보내며 수없이 많은 경제적 결정을 내린다. 하지만 하나의 결정을 내리기까지의 과정은 생각보다 복잡하다. 원하는 것은 많지만 욕구를 충족시키는 데 필요한 자원은 제한적이기 때문이다. 따라서 우리는 무엇을 선택하고 무엇을 포기할지 결정해야 하는데, 이런 결정 과정 속에서 가치를 평가하고 우선순위를 정하게 된다. 이 모든 것이 일상생활 속 경제라고 할 수 있다. 단순히 돈을 벌거나 쓰는 것뿐 아니라, 우리의 시간과 에너지, 나아가 우리 삶 자체를 어떻게 관리하고 배분할 것인지에 관한 문제들도 포함되는 것이다.

이처럼 인간의 삶 자체가 경제인데, 사람들은 이 단어를 쓰면 너무 어렵게 생각한다. 직장에 출근해 무언가를 만들어내고 이를 통해 번 돈으로 다른 무언가를 사고파는 것, 최적의 기회비용을 따져 무언가를 선택하는 과정이 경제인데 말이다.

경제는 사람이 살아가는 이야기다

일상에서 우리는 끊임없이 경제적인 결정을 내린다

제한된 돈과 시간, 에너지를 어떻게 사용할 것인가에 대한 결정이 그렇다

욕망 속에서 조금 더 앞으로 전진하는 것, 이를 경제 발전이라 부른다

여러 사람이 한데 섞여 사는 세상이기에, 물건의 가격도 오르고 내린다. 끝없는 상승도, 끝없는 하락도 없다. 바람에 흔들리는 대나무처럼 흔들렸다가도 다시 제자리로 돌아온다. 다만 이 세상을 살아가는 인간들의 욕망이 반영되므로 이전의 자리보다 조금 더 앞으로 전진하게 되는데, 이를 '경제 발전'이라고 부른다.

## 기준이 되는
## 돈의 이자, 금리

'금리'란 돈에 대한 이익을 의미한다. 풀어서 설명하면 돈을 빌려주거나 예금한 뒤 이에 대한 대가로 받는 이자, 혹은 누군가에게 돈을 빌리고 그에 대한 대가로 주는 이자를 뜻한다. 보통 '%'로 표현한다. '사채업자들이 돈놀이 한다'라는 말을 한 번쯤 들어본 적이 있을 것이다. 이들은 누군가에게 돈을 빌려주면서 일정 이자를 붙여 돈을 번다.

당신이 친구에게 10만 원을 빌려주었다고 가정해 보자. 그런데 아무 조건 없이 빌려주고 돌려받는 게 아니라, 친구에게 "10만 원을 빌려줄 테니 돌려줄 때는 1만 원을 더해서 줘야 해"라고 했다면, 그 1만 원이 이자이며 금리는 10%라고 할 수 있다. 이 금리는 당신이 돈을 빌려줌으로써 얻는 이익이며, 친구가 돈을 빌린 대가로 당신에게 지급해야 하는 비용이 된다. 이처럼, 돈을 빌려줄 때나 빌릴 때는 금리가 발생한다. 다만 시중은행이나 금융기관들의 금리는 돈을 빌려주는 사람과 빌리는 사람이 협의해서 정하는 것이 아니라, 한국은행이 제시하는 기준에 따라 정해진다.

금리는 은행이나 다른 금융기관이 개인 혹은 기업에 대출해 줄 때, 또는 개인이나 기업이 금융기관에 저축하거나 투자할 때 얻을 수 있는 수익률을 결정하는 중요한 요소다. 또한 금리는 국가 경제의 건전성과 성장률에 큰 영향을 미치므로 중앙은행 등의 금융정책을 통해 조정된다. 우리나라에서 금리의 기준을 제시하는 곳은 대한민국의 중앙은행이라고 불리는 한국은행이다. 그리고 한국은행이 제시하는 기준이 되는 금리가 바로 '기준금리'이다. 기준금리가 높아지면 금리도 높아지고, 기준금리가 낮아지면 금리도 낮아진다.

기준금리가 올라가면 어떻게 될까? 돈을 빌리는 데 드는 비용이 늘어나므로 대출받는 사람이 줄어든다. 반대로 기준금리가 내려가면 돈을 빌리는 데 드는 비용이 줄어들므로 대출을 받는 사람이 늘어난다. 따라서 한국은행은 경제 상황에 따라 기준금리를 조정한다. 시장 여건이 좋지 않을 때는 기준금리를 낮춰서 대출을 활성화시킴으로써 경기를 부양하려고 하고, 시장이 과열되면 기준금리를 올려 대출을 줄임으로써 경기를 안정시키고자 하는 것이다.

경제 관련 뉴스를 들으면, "금융통화위원회가~" "연준이~" 같은 말이 쏟아진다. 혼란을 막기 위해 잠깐, 우리나라와 미국 금융기관

## 우리나라와 미국 금융기관 관련 용어 비교

| | 우리나라 | 미국 |
|---|---|---|
| 중앙은행 | 한국은행 | 연방준비제도(연준 혹은 Fed) |
| 장(최고 우두머리) | 한은총재 | 연준의장(경제 대통령) |
| 결정기구 | 금융통화위원회 | FOMC(연방공개시장위원회) |
| 금리책정 횟수/연 | 8번 | 8번 |

(FRB: 연방준비제도이사회)

관련 용어를 간단히 정리해 보자.

표에서 보듯, 우리나라나 미국 모두 1년에 8번 금리를 정한다. 그리고 미 연준이 정한 금리 방향에 따라 전 세계 각국의 금리도 변동된다. 전 세계 금융이나 무역거래가 기축통화인 달러로 이뤄지기에 미국이 금리를 올리면 미국으로 달러가 빨려 들어가기 때문이다. 따라서 각국이 보유한 달러의 유출을 막으려면 각 나라 역시 금리를 올릴 수밖에 없다. 이를 '달러 기축통화에 따른 금리 동조현상'이라고 한다.

### 기준금리와 경기

경기가 가라앉는다 싶으면 정부와 중앙은행은 금리를 내려서 시장에 돈을 풀어 경기를 부양시킨다. 이로써 경기가 조금씩 살아나 호황을 넘어 과열되었다고 판단되면 다시 금리를 올려서 경기를 안

기준금리는 모든 금리의 기준이다

다 모여!
내가 기준이다!

기준금리

이자
얼마 받지?

예금금리

재 보고
적당히 따라하자

대출금리

통화량이 많아지고 시장이 과열되면 정부는 기준금리를 올린다

금리 낮을 때
대출받아 주식도 사고,
부동산도 사야지

동작 그만, 기준
금리 인상!

우리 대출 더 받을...!

악!

지금 이자가
얼만데!!!

기준금리가 오르면 이자 부담이 커져
대출이 줄고 예·적금이 늘어난다
또 주식과 부동산 수요는 줄어든다

이렇게 금리가 변하면
투자 방식도 달라진다

대출받으러
오셨나요?

아뇨,
대출 갚으러
왔어요

LOAN
대출 상담

정시킨다.

그런데 왜 금리가 국가 경기 변화에 영향을 미치는 것일까? 저금리 시점이라고 생각해 보자. 금리가 낮으니 대출이자도 낮다. 사람들은 대출을 받아서 부동산이나 주식 투자를 하려고 한다. 시장에 부동산이나 주식을 사려는 사람, 즉 매수자가 늘어나니 이들의 가격 역시 상승한다. 이런 분위기 속에 투기수요까지 붙으며 실제 가치 이상으로 자산 가격을 한껏 밀어 올린다. 그렇게 투자자들이 자산을 매도하며 수익을 내는 시점에, 투기수요가 한 번에 빠져나가면, 즉 매도자가 늘어나면 시장의 자산 가격이 폭락하고 많은 피해자가 생길 수 있다.

이렇게 흘러갈 것이 빤하기에 정부나 중앙은행 등은 이런 사태를 미연에 방지하고자 금리 조정이라는 통화정책을 통해 버블이 터지기 전, 미리 시장을 통제한다. 그리고 이에 더해 재정정책도 사용한다.

알다시피 기획재정부나 한국은행에서 일하는 사람들은 대단히 똑똑한 사람들이다. 그런데 이들이 세밀하게 예측하고 기획한 정책을 펼치는데 왜 경기침체가 오는 것일까? 시장은 실시간으로 변하지만 그에 반해 정책은 수많은 과정을 거치면서 결정된다. 이러한 이유로 시장 상황과 정책 공표 타이밍이 어긋나면서 더 격한 상황으로 시장이 변하기도 하는 것이다. 개인 투자자 입장에서는 주식

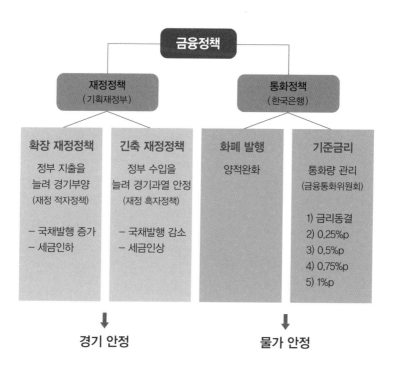

이나 부동산의 가격이 가장 저렴할 때 샀으면 좋겠고 경제도 호황이길 바랄 것이다. 하지만 그런 게 마음처럼 됐으면 우리가 이 책을 읽고 있었을까?

하지만 투자 측면에서 기준금리 변화를 잘 지켜보면 새로운 기회들을 엿볼 수 있다. 기준금리가 상승하면 예금이자가 오르기 때문에 사람들은 돈을 은행에 저축하는 것을 선호한다. 반대로, 주식이나 부동산 같은 투자자산에 대한 수요는 줄어든다. 그 결과, 주식이나 부동산시장의 자산 가격이 하락할 수 있다.

또한 한국은행의 기준금리는 채권 투자에도 큰 영향을 미친다. 금리가 상승하면 새로 발행되는 채권의 이자율이 높아지므로, 기존 발행된 이자율이 낮은 채권의 가격은 하락한다. 반대로 금리가 하락하면 기존 채권의 가격은 상승한다. 따라서 우리는 기준금리가 무엇인지 정확히 이해하고, 이에 따라 시장과 대중 심리에 어떤 변화가 오는지 파악해야 한다.

## 물가와 인플레이션

물가는 말 그대로 '물건의 가격'을 뜻한다. 고대사회에는 물물교환제도가 있었는데, 내가 필요한 물건을 얻기 위해 상대에게 필요한 물건을 주는 것이었다. 하지만 이런 교환 방식은 물건의 가치를 정확하게 비교하거나 측정하는 데 한계가 있었다.

이 같은 불편함을 해결하기 위해 '화폐'라는 개념이 등장했고, 그 결과 '물가'라는 개념도 탄생했다. 인류 최초의 화폐는 기원전 600년 튀르키예 북서부 지역인 리디아 왕국에서 처음 나오고 사용되었다고 한다. 당시 동서양을 잇는 무역과 교통의 중심지였던 리디아 왕국에는 사금(모래와 자갈에 섞인 금)이 풍부했는데, 그래서 금으로 동전을 만들어 무역에 활용했다.

이후 화폐의 도입으로 상품 가치를 화폐 단위로 표현할 수 있게 되었고 물건의 가격, 즉 '물가'를 측정하고 관리하는 것도 가능해졌다. 화폐의 개념은 중국과 인도, 유럽 등지로 전파되었고, 물가의 개

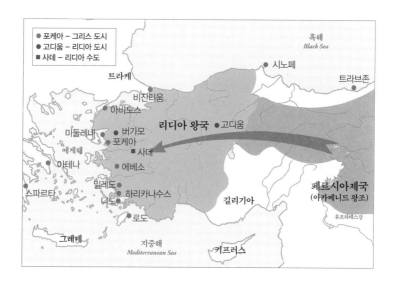

넘은 약 2500년 전부터 존재했던 것으로 추정된다.

오늘날에는 어떤가? 물가는 소비자물가지수Consumer Price Index, 이후 CPI 같은 경제지표를 통해 측정되며, 경제 상황을 파악하는 데 매우 중요한 역할을 한다. 또 앞서 말했듯 전 세계 대부분의 중앙은행이 목표 물가 수준을 2%로 정하고 통화정책을 펼치고 있다. 그럼 이 물가라는 것이 우리 일상에 어떤 영향을 미치는지 알아보자.

많은 사람이 매일 아침마다 즐겨 먹는 빵을 생각해 보자. 평소에 1,000원에 살 수 있던 빵의 가격이 1,200원으로 올랐다면, '물가가 상승'했다고 표현한다. 물가가 상승하면, 같은 양의 물건을 사기 위해 더 많은 돈이 필요해진다. 반대로 '물가가 하락'하면 물건을 사는 데 드는 비용이 줄어든다. 그런데 물가의 상승 혹은 하락에 그저 빵 값이 오르냐 내리냐 정도의 의미만 있는 건 아니다. 우리나라의 물가는 한국은행이 발표하는 CPI를 통해 알 수 있는데, 이는 여러 가지 상품과 서비스의 가격 변동을 조사하여 한 번에 보여주는 지표다. 따라서 CPI가 올랐다는 말은, 우리가 사는 물건들의 가격이 평균적으로 올랐다는 뜻이다.

그런데 왜 물가가 그토록 중요한 것일까? 물가가 계속해서 오르면, 즉 물가상승률이 높으면 우리가 가진 돈의 가치가 떨어지기 때문이다. 오늘 나에게 1만 원이 있으면 1,000원짜리 빵을 10개 살 수 있지만, 내일 빵값이 2배로 오른다면 같은 1만 원으로 빵을 5개밖에 사지 못하게 되는 것이다. 이처럼 물가상승은 우리의 구매력

물가가 오른다는 건 돈의 가치가
그만큼 떨어진다는 뜻이다

물가는 너무 올라도 문제지만, 물가가
지나치게 떨어지면 경기가 침체된다

물가가 올라 돈의 가치가 떨어지면 사람들은
주식이나 부동산 같은 자산에 투자한다

물가가 하락할 때는(디플레이션)
안전한 예·적금이나 채권에 돈이 몰린다

을 떨어뜨린다.

반대로, 물가가 너무 많이 떨어지면 생산자, 즉 빵집 주인에게 문제가 생긴다. 빵을 만드는 데 드는 비용은 그대로인데, 빵값을 낮추어야 하므로 손해를 보아야 하기 때문이다. 또한 이처럼 물가가 들쑥날쑥하게 되면 실질적으로 국민의 삶이 힘들어지므로, 정부가 물가 관리를 제대로 하지 못한다는 비판을 받으면서 정치인들 역시 표심을 잃을 수 있다.

물가는 우리의 소비 패턴뿐 아니라 투자 전략에도 큰 영향을 미친다. 투자자의 입장에서 한번 생각해 보자. 일반적으로, 물가가 상승하면 투자자들은 가치가 고정되어 있는 자산보다는 앞으로 가치가 상승할 자산에 투자하는 것을 선호한다. 물가가 상승한다는 것은 인플레이션이 발생한다는 뜻인데, 이때 현금의 가치는 떨어진다. 따라서 인플레이션 발생이 예상되는 시기에는 자산을 현금으로 보유하고 있는 것보다는, 그 현금으로 주식이나 부동산, 금에 투자하여 실물자산으로 바꿔 보유하는 것이 더 유리하다. 이런 자산들은 물가상승에 따라 그 가치도 함께 상승하므로 대중들의 투자 욕구를 자극할 수밖에 없다. 반대로, 물가가 하락하거나 안정된 상황에서는 안전자산인 채권에 투자하는 것이 좋다. 채권은 미리 정해진 이자를 제공하므로 물가 변동에 대한 위험을 상대적으로 줄일 수 있기 때문이다.

### 인플레이션의 원인과 대책

인플레이션이 발생하는 원인은 크게 2가지 경우로 나뉜다. 수요 인플레이션과 비용 인플레이션이다.

수요 인플레이션이란 물건의 공급은 일정한데, 해당 물건에 대한 수요(소비)가 과열되면서 물건의 가격이 올라가는 현상을 말한다. 비용 인플레이션은 물건이 완성되어 공급되기까지의 과정에서 고용인원의 임금 상승이나 유통망 붕괴에 따른 배달비용 인상처럼 물건을 생산하는 데 드는 비용이 늘면서 물건 가격이 올라가는 현상을 말한다.

인플레이션이 어떤 이유로 야기되었는지, 그 원인에 따라 해법도 각기 다르다. 수요 인플레이션의 경우 금리인상을 통해 화폐 가

**인플레이션**
지속적으로 물가가 오름

휴지가 만 원?
돈으로 닦고 말지!!

**디플레이션**
지속적으로 물가가 하락함

휴지 500원?
그래도 안 살래
더 떨어질 것 같아

**스태그플레이션**
물가는 오르는데
경기는 침체함

이몰랑

살려줘!!

경기

경제

침체의 늪

**원자재**

원자재는 실물 자산.
그 자체로 인플레이션에 따른
화폐 가치 하락을 방어함

**부동산, 인프라, 리츠**

부동산과 리츠는 기업의 주요 수입원 중
하나인 임대료, 인프라기업의 매출인
이용료 및 사용료는 물가상승률에
연동되는 구조

**경기 사이클상
인플레이션일 때
유리한 투자자산**

**주식**

**고배당주:** 시장지배력 있는
고배당 기업은 물가상승분을
소비자 가격에 전가 가능
**금융주:** 금리상승 시 수혜
**원자재 수출국:** 원자재 업종이
많은 브라질 등

**채권**

인플레이션 연계채권(TIPS)
으로도 불리는 물가연동채권은
물가상승률에 연동해
이자를 지급해 줌.

자료원: KB국민은행 WM스타지문단, KB부동산 정리

치를 높임으로써 물가를 잡을 수 있다. 반면 비용 인플레이션은 비용이 늘게 된 지점에 세제 혜택을 줌으로써 물건의 가격을 내릴 수 있다. 이를테면 유통비용 상승이 원인이었다면 유통망 사업을 늘리는 기업에 세제 혜택을 줌으로써 유통망을 늘리고 이에 유통비용이 줄어듦으로써 물가를 안정시킬 수 있는 것이다.


## 채권, 정부와 기업이 내는 빚

채권은 기업이나 국가, 지방자치단체, 기관이 사업에 필요한 자금을 마련하고자 발행하는 유가 증권을 말한다. 기본적으로 금액과 기간이 정해진 '대출'이라고 보면 되는데, 기업이나 정부, 기관 등이 투자자에게서 돈을 빌리면서 특정 시점에 원금과 이자를 돌려주겠다고 약속하는 것이다. 단, 일반인은 발행할 수 없고 그 종류엔 국채, 공채, 회사채, 지방채 등이 있다.

채권의 가격은 여러 요인에 의해 결정되지만, 가장 중요한 요인은 시장금리다. 시장금리가 상승하면 채권의 가격이 하락하고, 시장금리가 하락하면 채권의 가격은 상승한다. 채권의 가격과 수익률이 반대 방향으로 움직인다는 뜻이다. 왜 이런 현상이 일어날까? 채권이 고정된 이자를 지급하기 때문이다. 채권의 이자율은 발행 시점에 고정되고 이후에도 변하지 않는다. 그래서 채권의 이자율과 시장금리와의 차이가 채권의 가격을 결정하는 것이다.

예를 들어, 5% 이자율을 보장하는 채권을 보유하고 있는데 시장금리가 3%로 떨어진다면, 내가 가진 채권은 시장에서 더 높은 이자를 제공하므로 가치가 상승한다. 반대로 시장금리가 7%로 상승한다면, 내가 가진 채권은 이제 시장 평균보다 낮은 이자를 제공하므로 가치가 하락하는 것이다.

정부가 돈이 필요해 국채를 발행하면서 이렇게 발표했다고 하자. "우리 대한민국 정부가 오늘 발행할 국채는 10년짜리로(10년 뒤 원금을 돌려줌) 필요한 돈은 100만 원이며, 채권에 대한 이자는 연 5%입니다." 당신은 이자율이 꽤 높다는 생각이 들어 100만 원으로 국채를 샀다. 그렇다면 10년 뒤에는 연 5%의 이자가 붙어서 약 150만 원을 받게 될 것이다. 그런데 다시 1개월 뒤 정부가 국채를 또 발행했다. "이번에 발행할 국채는 지난번 것처럼 10년짜리로, 필요한 돈도 똑같이 100만 원입니다. 다만 이번 채권에 대한 이자는 연 10%입니다." 이번 국채를 산다면 10년 뒤에는 약 200만 원을 받게 된다. 그런데 당신에게 갑자기 급전이 필요하게 됐다. 돈을 마련하려면 1개월 전에 산 이자 연 5%짜리 국채를 시장에 팔아야 하는 상황이다. 그런데 현재 연 10%를 주는 국채가 발행된 상황에서 누가 연 5%짜리 이자를 주는 국채를 사려고 하겠는가? 만약 이 국채를 어떻게서든 시장에 팔려고 한다면 어떻게 해야 할까? 원금손실을 감수하더라도 내가 산 국채를 싸게 팔아야 한다. 내게서 1개월 전 국채를 사는 사람이 100만 원에 대한 연 5% 이자로 5만 원을 얻고 있더라도 현시점 국채 이자율과 동일한 연 10% 이자로 10만 원을

채권이란, 정부나 기업이 돈을 빌릴 때 발행하는 빚 문서다

원금보장 해주고 이자도 꼬박꼬박 줄게

정부

채권금리와 채권 가격은 반대로 움직인다. 채권금리가 내리면 채권 가격은 오른다

채권 가격

채권 금리

시장금리가 내리면 신규채권 금리도 낮아지는데 이럴 경우 기존 발행된 채권의 수요가 증가하므로 가격이 오른다

똥인 줄 알았더니 된장이었어…?

묵혀둔 5% 채권

금리 3%로 인하!!

반대로 시장금리가 오르면 신규채권 금리도 오르는데 그럴 경우 기존 발행된 저금리 채권은 팔리지 않으므로 가격이 떨어진다

연 5% 준다! 여기 붙어라!

저걸 누가 사? 이번에 발행된 채권은 연 10% 준다는데?

기존 채권

얻으려면 5만 원 더 저렴하게 구입해야 하므로, 이를 95만 원 이하로 팔아야 한다. 이와 같은 이유로 시장금리가 높을수록 채권의 가격은 하락한다.

## 국채금리의 상승 요인

국채금리가 상승하는 데는 여러 가지 이유가 있을 수 있다.

첫 번째는, 기준금리가 오르면 이를 기준으로 기간이 길어질수록 금리가 상승하기 때문이다. 만약 당신이 친구에게 100만 원을 빌려달라고 하면서 일주일 뒤에 갚겠다고 하는 경우와 5년 뒤에 갚겠다고 하는 경우, 둘 중 상환 기간이 언제일 때 금리 즉 이자가 더 높겠는가? 일반적인 경우 5년 뒤에 돈을 갚겠다고 할 때 높은 이자를 요청받을 것이다. 5년 뒤가 불확실성이 더 크기 때문이다. 5년 동안 물가상승으로 인해 지금의 100만 원의 가치가 떨어질 가능성도 크고 받지 못할 불확실성도 크다는 말이다.

두 번째는, 신용도가 낮을수록 금리가 상승하기 때문이다. 앞서 말했듯 채권의 종류는 다양한데, 신용 여부에 따라 이자가 다르게 책정된다. 국가가 가장 신용도가 높고 안전하므로 국채의 이자율이 가장 낮고, 그다음은 국가가 운영하는 공기업의 공채, 은행에서 발행하는 은행채, 대기업들이 발행하는 회사채 순으로 금리가 점차 오른다. 이러한 이유로 국가에서 발행하는 국채 가격이 상승하면 그 후 순위 신용도를 가진 채권들의 가격 또한 차례로 상승한다.

세 번째는, 채권의 수요가 적을수록 이자가 상승하기 때문이다. 당연한 이치이지만, 채권을 발행했으나 아무도 이를 사지 않는다면 채권을 발행한 입장에서 해당 채권이 매력적으로 보이게끔 금리를 올릴 것이다. 이러한 이유로 신용도가 낮은 채권일수록 금리가 높을 수 있는데, 이와 동시에 해당 기관이 망할 위험도 크므로 원금손실을 입을 가능성도 고려해야 한다.

국가 간에도 이러한 논리가 성립하는데, 일반적으로 미국이 발행하는 국채와 한국이 발행하는 국채 중 어느 나라의 국채 이자율이 낮을까? 미국의 신용도가 한국보다 높으므로 불확실성이 더 낮은 미국의 국채 이자율이 낮다. 미국 10년물 국채 움직임은 하나의 경제지표로 활용되는 경우도 많다. 미국 10년물 국채는 시장에서 가장 많이 유통되는 데다 많은 사람이 관심을 갖기에, 이 움직임만 봐도 시장을 어느 정도 읽을 수 있기 때문이다.

다만 개인은 미국이나 한국 정부가 발행하는 채권을 직접 살 수 없기에, ETF라는 상품을 통해 투자해야 한다. 기준금리와 이에 따른 파급효과를 이해한다면 어느 정도 예상되는 수준에서 움직이는 채권이 괜찮은 수익처가 될 것이다. 특히 국가가 발행하는 채권은 지표의 변동성이 주식보다 작고, 선진국의 경우 국가 부도 가능성이 희박해 상장폐지의 위험도 낮으므로 좋은 투자처다.

## 채권 투자의 전설, 빌 그로스

빌 그로스Bill Gross를 아는가? 채권 투자계의 전설적인 인물로, 세계 최대 채권운용사인 PIMCOPacific Investment Management Company의 공동 창립자이기도 하다. 그는 수십 년 동안 채권 투자로 엄청난 성과를 거두면서 '채권왕'이라는 별명도 얻었는데, 그가 이끄는 PIMCO는 2000년대 초, 미 연준이 기준금리를 점차 상승시키기 시작할 때 이를 정확히 예측했다. 이 상승 흐름을 이용하여 채권 포트폴리오를 조정한 PIMCO는 시장 평균을 능가하는 수익을 냈다. 거시경제 상황을 분석하고 채권에 투자해 큰 수익을 낸 것이다.

빌 그로스의 투자 업적 중 중 가장 유명한 사례는 1981년 '볼커 쇼크'에 대한 예측이다. 당시 미 연준 의장이었던 폴 볼커Paul Adolph Volcker는 고인플레이션을 제어하기 위해 기준금리를 급격히 올렸는데, 이로 인해 많은 투자자가 채권을 매도하면서 채권 가격이 급락하고 말았다.

그러나 이런 시장 변화를 정확히 예측한 그로스는 채권 가격이 하락하기 직전 대량의 채권을 매도했고, 그 후 기준금리가 상승한 것을 확인하고 채권 가격이 최저점에 이르렀을 때 다시 대량의 채권을 사들였다. 그 결과 그는 막대한 이익을 거두게 되었다.

지금도 이 같은 전략은 유효하다. 현시점 미 연준의 제롬 파월 Jerome Powell 의장은 역사상 유례가 없을 정도로 빠르게 금리를 인상시켰다. 이로 인해 채권수익률이 급격히 상승하면서 미국의 채권 가격이 폭락하고 말았다. 만약 금리인상의 최고점에서 다시 금리를 인하한다면 채권 투자로 좋은 수익을 낼 더없이 좋은 기회가 될 것이다. 이것이 바로 거시 분석에 의한 투자라고 할 수 있다.

## 환율과 돈의 가치

화폐가 없던 시절에는 물물교환을 통해 필요한 것을 구했다. 개인뿐 아니라 국가도 마찬가지였다. A 국가가 생선 1,000마리를 B 국가의 소고기 100근과 교환하다가, 공급 혹은 수요의 문제로 생선이 귀해지면 생선 1,000마리와 소고기 500근을 교환하는 식으로 거래가 이뤄졌다. 하지만 오늘날은 화폐경제 시대이므로 각국이 돈을 교환한다. 다만 A 국가와 B 국가의 통화 가치를 비교해 교환 비율을 정하는데, 이를 '환율'이라고 한다.

통화의 가치를 비교하는 이유는 국제 거래가 이루어질 때 상품이나 서비스를 어느 정도의 가치로 교환할지 결정해야 하기 때문이다. 이를테면, 한국 원화로 사과를 사거나 미국 달러로 사과를 사려면 두 통화 간의 가치를 비교해야 한다. 우리나라에서는 이를 '원/달러 환율'이라고 부르고 이는 '달러분의 원'을 뜻한다.

환율의 개념을 쉽게 설명해 보자. 만약 우리나라에 달러가 많으면 어떻게 될까? 분모에 해당하는 달러의 수가 커지므로 결과 값인 환율은 내려간다. 반대로 분자에 해당하는 원화가 많으면 환율이 올라간다. 예를 들어, 1달러에 대한 원화의 가치가 1,000원이라고 하자. 우리나라의 수출기업이 해외로 상품 수출을 많이 해서 많은 달러를 벌어들였다. 이 기업은 실제 한국에 있으므로 벌어들인 달러를 원화로 환전해야 할 것이다. 그렇게 대량의 달러를 원화로 바꾸게 되면 우리나라에 달러가 많아지므로 원/달러 환율의 분모인 달러 증대로 환율은 하락하게 된다. 반대의 상황도 생각해 보자. 우리나라 기업이 수출하는 양보다 수입하는 양이 많다면 어떻겠는가? 달러로 외국의 물건들을 수입해야 할 경우, 우리나라에 있는 달러를 써야 하므로 원/달러 환율의 분모인 달러가 줄면서 환율이 올라간다.

## 환율과 금리

미국보다 우리나라의 금리가 오르면 어떻게 될까? 한국에 투자해야 수익이 늘기에 달러자금이 유입된다. 이에 달러를 원화로 환전하려는 사람이 늘면서 원화수요가 증가하고, 이는 달러의 가치 하락을 초래한다. 이에 환율이 하락(평가절상)한다.

미국보다 우리나라의 금리가 내리면? 미국 투자가 유리하므로 외국인의 자금 유출이 일어난다. 이에 투자를 위해 원화를 달러로 환전하게 되면서 달러수요가 증가한다. 이는 자연스럽게 원화 가치

예전에는 원하는 것을 얻기 위해 물물교환을 했다
이제는 화폐경제 시대이므로 국가 간 거래 시 돈을 교환한다

콜?

콜!

국가 간 돈의 교환 비율을 환율이라 한다
환율은 외환시장의 수요와 공급에 따라 시시각각 변한다

환율

환율변동의 요인은 여러 가지인데,
우리나라가 수출을 많이 해 달러의 양이 많아지면 환율이 내려간다

수출

우와,
외화가 풍년이네

반대로, 수출보다 수입이 많으면
우리나라가 보유했던 달러가 줄어들므로 환율이 올라간다

어휴~
이걸 다 수입했다고?
달러도 얼마 안 남았네

## 환율과 수출·수입 사이클

## 환율과 물가

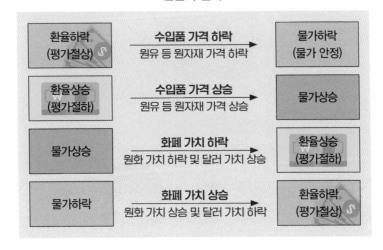

## 환율과 금리

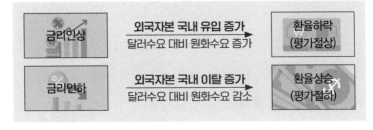

하락으로 이어지고 환율이 인상(평가절하)한다.

일반적으로는 금리를 내리면 환율이 인상되어야 하지만, 반대의 경우도 있다. 외국인이 해외에 투자하는 것보다 저금리를 이용해 국내 부동산 투자를 하는 것이 유리할 때도 있기 때문이다. 어찌 됐든 환율과 물가, 금리는 연동되어 있다. 때문에 다양한 지표를 살펴보면 향후 행방을 어느 정도 예측할 수 있다.

이 밖에 한국은행의 기준금리도 환율에 영향을 미친다. 기준금리가 올라가면 은행예금 금리가 오르고 대출금리 또한 높아져 시중에 떠돌던 통화가 은행으로 빨려 들어간다. 그렇게 되면 시중에 원화가 귀해지므로 원/달러 환율의 분자인 원화가 줄어들어 환율이 하락한다. 이러한 원리를 이용해 막대한 이익을 거둔 전설적인 투자자도 있다.

## 검은 수요일 사건

조지 소로스George Soros는 미국의 유명한 헤지펀드 매니저이자 억만장자 투자자로, 그의 가장 유명한 투자 사례는 1992년 영국 파운드화를 투매해 엄청난 수익을 낸 일이다. 1992년 9월 16일, 이른바 '검은 수요일Black Wednesday'이라고 불리게 된 그날, 조지 소로스는 영국 파운드화에 대해 엄청난 양의 공격적인 매도 주문을 넣었다. 왜 그랬을까? 당시 독일 마르크화 고평가로 영국 파운드화의 환율 하락이 빤해진 영국 중앙은행이 유럽 환율 메커니즘ERM에 가입하며 환율방어를 노렸으나, 소로스는 이러한 노력이 결국 실패하리라 예측했다. 소로스의 퀀텀Quantum 펀드는 약 100억 파운드를 대출받아 독일의 마르크로 교환했다. 그는 영국 중앙은행이 고금리 정책을 유지할 수 없을 것이라고 판단하고 이를 실행했다. 그의 예측이 맞아떨어진다면, 파운드화의 가치가 더욱 떨어져 대출받은 파운드를 더 낮은 가격으로 다시 구매해 이익을 얻을 수 있을 터였다.

소로스의 예상대로, 영국은행은 고금리 정책을 유지하는 것이 국가 경제에 너무 큰 부담이 되므로 결국 파운드를 평가절하했다. 파운드화의 가치가 급격히 떨어지자 소로스는 대출받은 파운드를 훨씬 낮은 가격으로 다시 사들이며, 약 10억 달러(한화로 약 1조 3,000억 원)의 순이익을 거두었다.

이 사건으로 인해 조지 소로스는 '영국은행을 꺾은 남자'라는 별명을 얻게 되었다. 이는 영국 중앙은행의 정책에 베팅하여 엄청난 이익을 거둔 대표적인 사례가 되어, 지금까지도 많은 투자자들 사이에서 언급되고 있다.

# 03

# 경제문맹인을 위한
# 생존 지식

"판교불패 님, 어떤 책 읽으세요? 투자할 때 무슨 지표들을 참고하시나요?"

종종 이런 질문을 받는다. 나는 '산신령뷰'를 매우 싫어한다. 그래서 손에 잡히고 눈에 보이는 지표들을 분석하고 그것이 실물시장에 미칠 영향들을 시간순으로 계산해서 사람들에게 알려준다. 그리고 블로그 이웃들에게 제발 경제 공부를 하라고 잔소리한다. 자본주의 사회에서 살아남으려면 투자를 해야 하는데, 그러기 위해선 거시경제 공부가 필수이기 때문이다. 사실 경제를 어디서부터 어떻게 공부해야 하는지 알 수 없어 난감할 것이다. 그렇다고 경제학 전

공서를 사서 IS-LM모형이니 AD-AS모형이니 이런 것을 공부하라는 이야기는 아니다. 사회와 경제는 결국 원인과 결과, 즉 인과관계에 얽혀 흘러간다는 것을 기억해야 한다. 인간의 심리 역시 이 인과관계에 영향을 받고 동시에 영향을 끼친다.

중요한 것은 어떤 경제적 사건이 우리 생활에 어떤 영향을 미치고 이 영향이 자산시장의 가격을 어떻게 변화시키는지 그 고리를 찾는 것이다. 그 고리를 찾으면 개인이 어떤 자산에 어느 정도 투자하면 되는지가 보이고, 부와 빈을 가르는 중요한 결정을 할 수 있게 된다. 이것이 경제 공부를 해야 하는 이유다.

내가 투자한 부동산이나 주식의 가격이 하락해도 이익을 실현하지 않으면, '미실현 손실'이다. 자산들을 팔기 전까지는 손실이 아니란 말이다. 또한 인과관계에 따라 해당 자산이 상장폐지되지 않는 한 가격은 반드시 오른다. 왜? 인간의 탐욕, 정부 정책, 자연의 섭리, 경제 원리가 작동하기 때문이다. 자본주의 시스템이 형성된 지 몇백 년이 지나는 동안 자산의 가치는 늘 상승 혹은 하락을 반복해 왔지만, 결국은 우상향이었다.

1920년대 미국이 달러로 경제패권을 장악한 후 인류는 계속 시장에 화폐를 풀었고 지난 코로나19 팬데믹 기간에는 단기간에 역사상 가장 많은 돈을 풀었다. 모든 국가가 화폐라 이름 붙인 잉크 묻은 종이 위에 제국을 건설했고, 사람들

은 이 잉크 묻은 종이를 가지고 있거나 자기 눈에 더 가치 있어 보이는 것들로 바꿔 소유했다. 잉크 묻은 종이는 현금으로, 시간이 지날수록 그 가치가 떨어지거나 소멸되었다. 자동차나 휴대폰 같은 소비 자산의 가치는 점점 떨어졌고, 부동산이나 채권, 금, 주식 같은 자산은 시간이 지날수록 그 가치가 우상향했다. 이처럼 어떤 것이 정말 가치 있는 자산인지는 이미 역사적으로 증명됐다.

문제는 많은 사람이 부자가 되고 싶다고 말하면서도, 공부는 하지 않는다는 것이다. 또 가치가 없는 것에 돈을 쓰고, 가치 있는 자산을 사지 않는다. 심지어 로또 당첨 같은 허황한 꿈을 꾸면서도 로또 한 장 사지 않는다. 더욱 심각한 건 시장을 우습게 보고, 그저 단기간에 큰돈을 벌겠다며 무리한 투자를 감행하는 것이다. 투자하기 좋은 자산은 분명히 있다. 하지만 이를 어떻게 사는지 혹은 어떻게 사야 되는지는 공부해야 알 수 있다. 그저 남들이 좋다고 해서, 지금 하면 너무 좋을 것 같아서, 준비도 안 된 상태로 전 재산을 투자하는 것은 얼마나 어리석은 일인가?

　사람들이 어떻게 투자해야 하는지 내게 물을 때마다 나는 준비가 안 됐다면 그냥 하지 말라고 한다. 경제나 투자 공부를 위해 어떤 유튜브를 구독 중이냐고 물으면 거의 보지 않는다고 대답한다. 투자자로서 돈을 벌어야 하기에 미국의 경제 분야 전문가들의 이야기나 한국 경제정책 등에 관한 영상을 참고는 하지만, 나는 나만의 철학을 바탕으로 투자를 단행한다. 군이 SNS를 통해 경제 관련 뉴스나 정보를 얻고 싶다면, 트위터를 권한다. 이 세상에서 가장 빠른 뉴스와 경제 정보를 얻을 수 있고 현시점 세상이 어떤 방향으로 흘러가는지 트렌드를 알 수 있기 때문이다.

　사실, 학창 시절에도 나는 시험 전날에 수업 내용을 정리한 노트를 보여달라는 친구의 요청을 흔쾌히 들어주곤 했다. 당장 다음날이 시험이라 짧은 시간 안에 그 모든 내용을 100% 이해해서 높은 점수를 받기는 힘들겠지만, 친구가 오죽하면 지금이라도 빌려달라고 했겠나 싶어서였다. 한편으론 친구가 내게 무언가를 보상해 주지 않는다 해도 그저 좋은 평판이라도 얻는 게 낫지 않을까 하는 계산도 있었다. 그래서 정리 노트도 빌려주고, 알려달라는 것도 슥슥 가르쳐주곤 했다. 그런 마음으로 독자들에게도 공부를 권한다. 진정 부자가 되고 싶다면 경제가 어떻게 돌아가는지 정도는 알아야 하지 않겠는가? 적어도 인과관계의 고리 정도는 파악해서 언제, 어디에, 내 소중한 돈을 투자해야 할지 알아야 하지 않겠는가? 그렇게만 되어도 여러분의 인생에 끊이지 않는 캐시 플로Cash Flow를 마련할 수 있을 것이다.


## 투자를
## 해야 하는 이유

코로나19 팬데믹 이후, 달러화뿐 아니라 전 세계의 통화량이 급격하게 늘었다. 우리나라도 예외가 아니다. 시중에 돈이 많이 풀릴수록 그 가치는 낮아져 힘을 잃는다. 짜장면이나 치킨 가격이 상승한 것은 짜장면의 양이나 치킨의 질이 좋아져서가 아니다. 이제는 더 많은 돈을 주어야만 예전 같은 짜장면이나 치킨을 먹을 수 있다는 뜻이고 그만큼 화폐의 가치가 하락했다는 의미다.

2022년 미국이 금리를 인상한 이유는 무엇인가? 물가가 치솟았기 때문이다. 금리를 인상하면 부채에 대한 이자 부담이 가중되고 가계가 빚을 갚느라 소비를 줄인다. 기업은 물건을 생산해도 수요가 없으니 가격을 내릴 수밖에 없다. 결국 금리를 인상해야 물가가 내려가는 것이다.

그럼 물가가 잡힐 때까지 금리를 계속 올리면 되는 것인가? 금리 인상을 오래 지속할 수 없는 이유를 상식선에서 정리해 보자. 물건을 시장에 내놓아도 팔리지 않으면 기업들은 물건의 가격을 내린다.

그런데 기업들에도 빚이 있고, 감당해야 할 이자가 있다. 물건의 가격을 내려도 좀처럼 팔리지 않는 시간이 오래 이어지면 대출이자마저 감당할 수 없는 기업들이 파산하고 이로써 가계에 물건을 공급하는 '공급 생태계'가 망가진다.

고금리가 지속되면 물건을 만드는 생산자가 줄어들게 되고 이로써 생산 비용이 증가한다. 다수의 생산자가 망하면서 생산자 독과점시장이 만들어진다. 그런데 기업은 이익집단이 아닌가? 제조 비용이 증가하긴 하지만 공급자가 사라져 경쟁자가 없는 상황에서 물건에 대한 소비자의 수요는 있다 보니 일단 생산하기만 하면 팔린다. 그럼 어떻게 될까? 물건의 가격이 오른다. 이처럼 고금리가 장기간 지속되면 역설적으로 공급 생태계가 망가짐으로써 독과점 시장이 생기고 물가가 다시 치솟는 것이다. 그리고 몇몇 기업에 의해물건의 가격은 통제된다. 오랜 기간 저금리 상태였기에 정부나 기업, 가계 모두 빚이 많다. 하지만 지속적인 고금리 정책이 시장을 망가뜨릴 게 분명하다. 그럼, 물가는 어떻게 잡을 수 있는가?

커피 전문점에서 파는 아메리카노 한 잔 가격이 1,000원이라고하자. 그런데 원두 가격이 급등했다. 그렇다고 아메리카노 가격에석유처럼 매일 변동가격을 반영하는 것은 불가능하다. 커피 전문기업은 이윤이 줄어든 만큼 인력을 줄이고, 내부 원가절감을 통해최대한 버티다가 통상 연말쯤 됐을 때 커피 가격을 조금 인상할 것이다. 그런데 한 번 오른 가격은 내려가지 않는다. 그리고 가격이 오르면 수요가 줄어든다. 그렇다고 기업이 가격을 바로 내리지는 않는다. '이벤트'를 기획해 가격인하 서비스로 소비자에게 커피를 판매할 수는 있지만.

소비자물가를 조사할 때 큰 비율을 차지하는 집값이나 임대비도 마찬가지다. 주택 공급은 부족하고 건축 자재값은 올랐다. 가격이 오른 자재로 집을 지었기에 건설사들은 일단 이윤을 붙여서 시장에 주택을 공급한다. 그런데 팔리지 않는다. 초반에는 버티다가 금리가 계속 올라가면 원가라도 건질 요량으로 미분양 주택을 싼값에 털고 더는 주택을 짓지 않는다. 원가와 금융 조달비용 등이 시장요구 가격과 맞지 않기에 이미 지은 주택은 가격을 조정해서라도 팔겠지만, 향후 이런 모든 것이 맞아떨어져 이윤을 남길 수 있을 때까지는 공급을 중단하게 되는 것이다. 대개 건설사들은 부지를 미리 확보하기에 제값을 치를 수 있을 때까지는 금융비용을 감당하면서 기다린다. 하지만 시간이 지날수록 금융비용은 쌓이고 착공이 늦어져 4~5년 뒤에나 건설할 수 있게 되면 분양 시점에 어떤 일이 벌어질까? 건설사가 이 모든 비용을 소비자에게 전가한다. 소비자들이 오른 아파트 분양가를 감당해야 하는 것이다.

물건의 가격이 상승한다는 것은 돈의 가치가 떨어진다는 의미이므로 단순히, 돈의 가치를 높게 유지하려면 금리를 높이면 되지 않느냐고 생각할 수 있다. 하지만 안타깝게도 미래사회는 저금리로 갈 수밖에 없다. 미국의 부채 규모는, 미국이 한 해 동안 생산한 물건과 서비스를 모두 구매하는 데 필요한 돈의 총액GDP 대비 129%이다. 2023년 IMF는 2028년 GDP 대비 부채비율이 미국은 136.2%, 중국은 104.9%(2022년 77.1%)로 증가할 것으로 전망했다. 정부의 부채가 벌어들이는 돈과 비교할 때 더욱 늘어날 경우 경기침체에 대응할 수 있는 재정여력이 줄어든다는 것이 문제다. 심지어 전 세계의 부채 또한 엄청나게 늘어나고 있는 상황이지 않은가.

이런 상황에서 금리를 올리면 어떻게 될까? 1980년대 금리가 18%였고 현재는 4~5% 금리라고 해도 절대적인 이자 비용은 완전히 다르다. 빚이 100원일 때 18%의 이자와 빚이 100만 원일 때 4~5%의 이자가 얼마인지 계산해 보면 알 것이다.

일본이 0%대 금리를 유지하는 이유가 여기에 있다. 일본은 국채를 계속 발행해 왔기에 현재 채권에 대한 이자 비용이 국방비에 맞먹는다고 한다. 금리를 올리게 되면 지금보다 훨씬 많은 이자를 내야 하는데 그렇게 되면 국민에게서 걷은 세금이 전부 이자로 빠져나가게 된다. 저금리를 유지해야만 경제도 성장하고 부채에 대한 이자도 줄어 그 세금으로 복지나 국방에 사용할 수 있는 것이다.

이처럼 전 세계 국가의 부채는 향후 계속 커질 것이다. 이러한 구조가 어쩔 수 없이 장기 저금리 기조를 만든다. 부득이 금리를 인상하게 되더라도 부채 규모가 기업이나 가계, 국가 모두 너무 크기에 금리인상 기간은 짧고 굵을 수밖에 없다. 사회경제 시스템이 이를 견디지 못하기 때문이다.

고금리 정책으로 돈의 가치를 유지할 수 있는 방법이 딱 하나 있다. 정부가 발행한 부채 증가 속도보다 더 빠른 속도로 경제가 성장하면 된다. 고도의 경제 성장을 통해 부채보다 벌어들이는 돈이 많아지면 부채를 해결하고 물가를 안정적으로 관리할 수 있을 것이다.

하지만 현실은 어떤가? 미-중 갈등이 심각하고, 세계 여러 나라가 국가 간 교역량을 줄이고 있다. 값싼 중국산을 들여오려고 하기보다 생산비용이 높아도 웬만하면 물건을 자국에서 생산하고자 한다. 세상이 세계화에서 다원화로 전환되고 있는 모양새다. 따라서 고도 성장이 힘든 상황에서 사회적 합의가 이뤄지지 않는 한 비용이 계속 상승할 것이기에 저성장 기조가 지속될 가능성이 크다.

그럼, 결론을 내려보자. 저금리 기조가 유지되고, 화폐의 가치는 낮아지면서, 물건의 가격은 올라간다. 그럼 우리는 무엇을 해야 할까? 우상향 자산에 투자해야 한다!


## 경제는 인과관계


사람들은 기초적으로 보이는 경제 관련 단어나 현상에 대해 질문하는 것을 부끄러워한다. 내게 질문할 때도 눈치를 많이 본다. 그래서 "정말 멍청한 질문이지만…" 혹은 "판교불패 님 입장에서는 너무 기본적인 내용이겠지만~" 같은 사족을 달고 묻는데, 막상 질문을 받고 보면 생각보다 어려운 경제 현상이나 개념에 관한 것일 때가 많다. '누군가는 이것도 몰라?'라고 생각할지 모르지만, 나는 늘 "정말 좋은 질문을 하셨어요"라고 말하며 설명을 시작하곤 한다. 그중에는 기본처럼 보이지만, 경제를 이해하는 데 반드시 알아야 할 핵심이라고 생각한 질문도 있었다. 바로 이것이다.

"한국은행은 왜 금리를 올리나요?"

지금부터 이에 대해 생각해 보자. 사실 이런 질문을 받은 사람이 나뿐만은 아닐 것이다. 답변도 제각각일 수 있다. 집값이 너무 올라서 올린다, 투기가 과열되어 올린다 등. 하지만 이를 제대로 알려면 우리나라의 중앙은행인 한국은행이 무슨 일을 하는지부터 알아야 한다. 이를 아는 사람은 의외로 많지 않다.

한국은행의 설립 이유와 그 목표는 '물가 안정'이다. 따라서 한국은행이 금리를 올리는 건, 시중 물가가 목표로 삼은 2%를 넘어서다. 이에 한국은행은 금리를 인상함으로써 목표인 2%로 물가를 맞추려고 하는 것이다. 반대로, 물가가 2%보다 낮다면 한국은행은 금리를 인하함으로써 경기를 부양시키고자 노력한다. 여기까지 설명하면 사람들이 다시 묻는다.

"판교불패 님, 미국은 지금 물가가 낮아지고 있지만 실업률이 낮아서 고용이 잘 되고 소비가 살아나고 있잖아요. 이렇게 되면 미국이 기준금리를 또 인상하지 않을까요?"

유튜브에서도 이런 말을 쏟아내는 전문가들을 여럿 보았다. 잘 모르겠다면 다시 기본으로 돌아가서 생각해 보자. 미 연준이 하는 일은 무엇인가? 이들의 일은 2가지다. 첫째 물가 안정, 둘째 최대 고용. 전 세계 중앙은행의 물가 목표는 2%로 한국은행과 동일하지만, 측정하는 방식에는 다소 차이가 있다. 따라서 미국의 물가가 안정되고 실업률도 낮게 유지되고 있다면 미 연준이 본인들의 목표를 제대로 수행하고 있다는 의미다. 따라서 금리를 인상하기보다는 경기가 안정되고 있으니 인상을 중단하는 것이 옳다. 어쩌면 과도한 금리인상으로 금융시장에 리스크가 발생할 수 있으므로 인하를 고려 중일지도 모른다.

이처럼 기본이 중요하다. 기본을 제대로 갖추면 관점을 변화시킬 수 있고, 직관적으로 답을 찾을 수 있다. 하지만 대다수의 투자자가 기본 사항을 무시하고 일명 네임드 투자자나 인플루언서의 입술만 바라보면서 필터 없이 그들의 이야기를 곧이곧대로 받아들인다. 괜히 마음만 급해서 더하기 빼기도 못하면서 공식만 달달 외워 미적분 문제부터 풀려고 하는 것이다. 그저 '20XX년, 상승을 정확히 예측한 투자자' '투자계의 노스트라다무스' 같은 수식에 현혹되어 소중한 자산을 거는 모습이 정말 안타깝다. 이렇게 투자하다 보면 변수가 생겨 환경이 조금만 달라져도 다시 인플루언서들에게 매달려 답을 구할 수밖에 없다. 그런데 정작 전문가란 그들조차 기본을 몰라서 명확한 해답을 제시하지 못하는 것은 아닐까?

기본으로 돌아가라. 경제 관련 용어의 뜻을 직접 찾아보고 습득하면서 지금의 경제 현상이 어떤 연유로 일어나는 것인지, 투자자로서 스스로 묻고 답을 내려보라. 수학은 사칙연산부터 미적분까지 연결되어 있다. 경제 역시 다르지 않다. 앞서 말했듯 인과관계가 있고 모든 것이 연결되어 있다. 그렇게 스스로 터득한 단순한 개념이 당신의 눈과 귀를 열어줄 것이다. 그것이 경제적 자유라는 목표 지점에 도달하는, 느리지만 확실한 방법이 아닐까 싶다.

# 돈의 흐름과
# 경제 5대 자산

자본주의 사회를 살아가면서 돈의 흐름을 파악하는 일은 대단히 중요하다. 꼭 투자할 때만 중요한 것은 아니다. 대학에 진학하며 전공을 선택할 때도, 직장을 구할 때도 '돈의 흐름'을 파악할 수 있다면 유리하다. 돈을 벌기 위해서만 일을 하는 건 아니다. 자아실현의 목적도 있다. 하지만 직장 선택의 길목에서 사양 산업보다는 향후 전도유망한 산업을 선택해야 연봉 인상이나 고용 안정 가능성도 크지 않을까? 이처럼 돈의 흐름을 파악하면 변화를 거듭하는 사회에서도 발 빠르게 적응하고 대응함으로써 경제적으로 풍요로운 삶을 향유할 수 있다.

돈이 흘러가는 경로를 알 수 있다면 얼마나 좋을까? 우리가 돈의 흐름을 안다면 다음 3가지 방식으로 투자할 수 있을 것이다.

1. 저점일 때 자산을 매수하고, 유동성이 몰릴 때까지 기다린다 → 존버

2. 흐름을 따라 다니며 매수와 매도를 반복한다 → 단타

3. 돈이 흘러갈 곳을 한 발 앞서 예상하고 선점한다 → 고위험 최고수익

세상에는 돈이 흘러가는 경제 5대 자산이 있다. 채권, 주식, 부동산, 상품(금), 통화(달러)이다. 예금은 투자자산이라고는 보기 힘들지만 그래도 유동성 흡수 시기가 있으니 이것도 함께 살펴볼 필요가 있다. 다만 경기는 아래 그림처럼 '호황기 → 하락기 → 침체기 → 회복기'를 반복적으로 거치게 마련인데, 각 시점마다 돈이 몰리는 자산은 따로 있다. 특정 자산에 돈이 몰린다는 것은 해당 자산의 가치가 상승해 가격이 오른다는 뜻이므로, 경기순환 주기에 따라 어떤 자산에 돈이 몰리는지 파악하는 것이 핵심이다. 2장에서 각 경기순환 주기별 어떤 변화가 일어나고 여기에 대중의 심리가 더해져 어떤 자산의 가치가 하락하고 또 어떤 자산의 가격이 상승하는지 자세히 알아볼 텐데, 이를 제대로 알게 되면 우리의 소중한 돈을 5대 자산에 전략적으로 투자하여 그야말로 '올웨더' 안정적인 수익을 낼 수 있을 것이다.

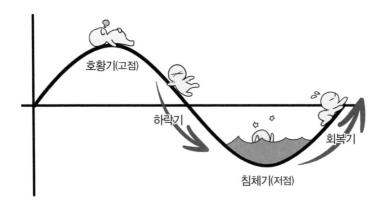

# 경기순환과
# 정책 변화

사실 돈의 흐름에 가장 민감하게 반응하는 주체는 정부다. 이에 따라 경기가 침체하거나 살아날 수 있기 때문이다. 그래서 정부는 경기순환곡선에 따라 적절히 개입해 문제가 될 만한 소지를 방지하고자 정책을 펼친다. 아래 그래프를 보자.

그래프의 파란 선은 경기순환곡선이다. 경제의 역사는 늘 반복되는데, 침체되었던 경기가 회복하고 호황을 누리다가 하락하기 시

## 경기순환별 정부 개입 시점 및 정책

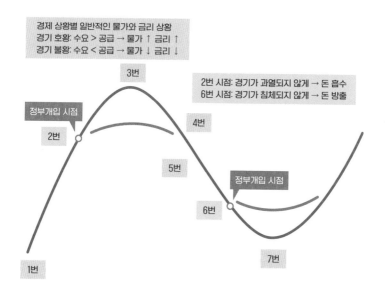

경제 상황별 일반적인 물가와 금리 상황
경기 호황: 수요 > 공급 → 물가 ↑ 금리 ↑
경기 불황: 수요 < 공급 → 물가 ↓ 금리 ↓

2번 시점: 경기가 과열되지 않게 → 돈 흡수
6번 시점: 경기가 침체되지 않게 → 돈 방출

정부개입 시점
2번
3번
4번
5번
정부개입 시점
6번
7번
1번

작해 다시 침체한다. 그래프에서 보듯 정부는 2번 시점과 6번 시점에 개입한다. 이미 우리는 근 몇 년간 이를 확인할 수 있었다.

세계 경제에 가장 큰 영향을 미치고 있는 미 연준의 움직임을 떠올려보라. 일단 경기가 차츰 회복하면서 호황으로 달려갈 때 제롬 파월 의장이 무엇을 했는가? 금리를 엄청난 속도로 빨리 올렸다. 치솟는 물가를 잡기 위해서였다. 기준금리를 인상하면 예금금리도 빠르게 오르므로, 사람들은 현금을 들고 은행을 찾는다. 여러 자산에 흩어져 있던 유동성이 은행으로 흡수되는 것이다. 이에 다른 자산들의 가격이 하락하는데 여전히 물가가 높은 데다 대출을 많이 받은 이들은 대출이자 부담으로 소비를 줄이게 된다. 물건이 팔리지 않으니 기업도 흔들리기 시작한다. 이것이 경기침체로 이어지는 과정이다. 정리해 보자.

물가↑ → 금리↑ → 자산 가치↓ → 소비↓ → 기업이익↓ → 대출연체
↑ → 금융시장 불안 → 경기침체 → 물가↓

이처럼 물가를 잡고자 한 정부의 개입의 효과가 드러날 때쯤이면 경기가 침체되는데, 이때도 경기가 심하게 악화되면 또 여러 부작용이 발생하므로 정부가 개입한다. 이때도 금리를 수단으로 이용한다. 기준금리 인하 카드로 자산에 유동성을 풀어 경기를 회복시

키는 것이다. 그럼 다음처럼 흘러간다.

> 물가↓ → 금리↓ → 유동성↑ → 자산 가치↑ → 소비↑ → 기업이익↑
> → 고용↑

몇 가지 내용은 생략했지만, 대략 이런 메커니즘으로 경기가 흐르고 정부가 개입하면서 자산의 가치고 오르내린다는 사실을 기억해 두면 된다. 또한 현시점이 경기순환곡선에서 어디쯤인지를 알고 싶다면 이 책에서 소개할 각종 경제지표를 확인하면 된다. 그럼, 이제 경기에 따른 자산 투자 포인트도 한번 살펴보자.

## 경기순환과
## 자산 투자 포인트

금리가 낮다는 건 무엇을 뜻할까? 시장에 돈이 많다는 의미다. 이럴 때는 당연히 주식이나 부동산 같은 실물자산이 유리하다. 반대로 금리가 올라 고점이 된다면? 금리가 오르면 채권이자도 올라가기에 채권이 유리하다. 금리가 높을 때 많은 이자를 주는 채권을 샀다가, 금리가 제일 낮을 때 이를 팔면 비싼 가격에 팔 수 있다.

## 금리 변화에 따른 자산 투자 지점

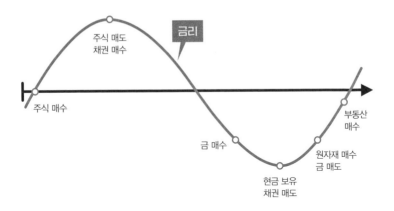

그럼, 금리가 내려가는 시점은 언제인가? 물가가 안정되다 못해 경기침체가 오려고 할 때다. 그렇게 되면 시장에 떠돌던 돈이 안전자산으로 몰린다. 대표적인 안전자산이 바로, 금이나 달러다.

경기침체가 장기간 이어지면 정부도 가만히 보고만 있지 않는다. 경기부양을 위한 각종 정책을 펼친다. 이에 시장이 살아나기 시작하면 기업의 공장도 돌아가기에 원자재가 유망해지고 슬슬 부동산의 가격도 오른다.

## 국가 경제의 근본

경기가 조금만 안 좋아져도 경기호황기에는 좀처럼 보이지 않던 폭락론자들이 등장하기 시작한다. 그들이 하는 이야기를 잘 분석해 보면 한 문장으로 정리된다.

"이번 위기는 다르다."

정말 그럴까? 경기침체가 오면 정부가 경기가 가라앉아 잠식될 때까지 가만히 지켜보고 있을까? 시장이 침체기에 접어들 때 정부가 어떤 일을 하는지, 미국의 경기침체 사례에서 살펴보자.

· ·

1990년 7월부터 1991년 3월까지 약 9개월간 걸프 전쟁이 있었다. 이라크의 쿠웨이트 침공으로 일어났으나 다국적군의 승리로 종결된 전쟁이다. 그런데 전쟁 이후 미국 경기는 침체기에 들어서게 된다. 왜? 첫째, 걸프 전쟁으로 유가와 물가가 치솟았고 전쟁이 종결되었음에도 경기 전망이 불투명하다 보니 소비심리가 위축되었다. 둘째, 위축된 건축산업으로 수요가 줄면서 부동산 경기가 침체했다. 셋째, 예금자로부터 투자금을 만들어 모기지대출을 하던 저축대부조합S&L 파산으로 지급불능 사태가 발생했다. 사실 이 시기 미국에 닥친 경기침체엔 3가지 특징이 있었다. 비교적 9개월이라는 단기간의 소규모였다는 점, 물가상승은 크지 않았다는 점, 경기회복 후에 실업률은 지속적으로 상승했다는 점이었다. 이때 미국 정부는 금리인하 정책을 펼치고 공적 자금을 투입해 경기침체에서 탈출했다.

2001년 3월부터 2001년 11월에는 닷컴버블 붕괴와 9.11 테러가 벌어지면서 경기침체로 이어졌다. 당시 경기침체가 발생한 데는 몇 가지 이유가 있었다. 첫째, IT라는 신경제에 대한 기대 속 거품이 가라앉으면서 IT 주가가 폭락했다. 둘째, 9.11 테러와의 전쟁으로 소비심리가 위축됐다. 셋째, 미 연준의 선제적 금리인상으로 전 세계 경기가 둔화했다.

당시 경기침체는 1990년대 사상 최장기인 10년간 이어진 경기 호황 이후 도래한 것이었기에 침체 정도가 약했고, 기간도 단기간 (8개월)에 그쳤다는 점이 특징이었다. 또 설비투자는 대폭 감소되었지만, 개인 소비지출 여력은 비교적 좋았다. 이때 미국 정부는 금리인하와 세금감면 정책을 펼쳐 경기침체에서 탈출했으며 이후 미국의 부동산 가격은 오히려 올랐다.

2007~2008년 서브프라임 모기지 사태야말로, 2차 세계대전 이후 미국에 닥친 최대의 금융위기라고 불린다. 이때 경기가 침체된 이유는 무엇일까?

첫째, 금리인상 정책이 문제였다. 2001년에 발생한 IT 버블과 9.11 테러로 악화된 경기를 부양하고자 미 연준은 당시 6%의 기준금리를 2003년 1%까지 대폭 인하했다가 이후에는 2007년까지 계속해서 금리를 인상했고, 2007년 초 기준금리가 5.25%에 달했던 것이다.

둘째, 부동산 부양 정책도 영향을 미쳤다. 2001~2009년 조지 부시 정부는 부동산규제 철폐와 세금감면 같은 주택수요장려 정책을 펼쳤다. 주택담보대출의 각종 규제를 완화하고 세금도 감면해 준 것이다. 문제는 신용도가 낮은 사람들에까지 높은 금리로 대출해 주는 상품이 있었다는 것이다. 이것이 서브프라임 모기지 사태의 발발 원인이다. 우리나라의 주택담보대출 같은 것이 미국의 '모기지mortgage'다. 서브프라임sub prime의 '서브'라는 말은 무슨 뜻일까? 미국에서는 가장 좋은 소고기를 '프라임' 등급이라고 부르는데, '서브'는 말 그대로 우대보다는 낮은 비우량이라는 뜻이다. 따라서 서브프라임은 신용도가 일정 기준 이하인 저소득층을 상대로 프라임 등급보다 대출 금리가 2~4% 높은 비우량 금리라는 의미다.

당시 미국 금융사들은 미국의 부동산 가격은 절대 떨어질 리 없다는 자신감에 가득 차 있었다. 그래서 이런 서브프라임 상품들을 개발해 신용이 좋지 않은 사람들에게까지 돈을 마구 대출해 주면서 높은 대출 금리로 큰돈을 벌었다. 심지어 당시 길거리 노숙자들까지 어렵지 않게 대출을 받을 수 있었다니 분위기가 어땠을지 짐작이 갈 것이다. 신용이 낮은 사람들 입장에서도 2000년대 초반부터 미국의 부동산 가격이 하늘 높은 줄 모르고 치솟아 왔기에, 꿈에 부풀어 돈을 최대치로 빌려 집을 샀을 게 분명하다. 이러한 상황에서 금리가 상승했으니 결과가 어떠했겠는가? 저신용자들은 대출이자를 도무지 감당할 수 없어서 시장에 집을 내던지기 시작했다. 이 같은 매도 폭탄 속에 미국의 부동산 가격이 폭락했다. 부실채권이 발생하면서 은행들이 망해나갔고 대출금을 갚지 못하는 사람들이 기하급수적으로 늘면서 은행들도 추가 대출을 중단했다. 이로 인한 공포가 전 세계로 뻗어나가며 글로벌 신용경색Credit Crunch이 발생했다. 한마디로, 시장에 돈을 빌려주는 주체가 사라지면서 돈이 돌지 않게 된 것이다. 그때 당시에만 미국의 465개 은행이 파산했다. 거기엔 리먼 브러더스와 베어 스턴스, 메릴 린치도 포함됐다. 2007년에는 8,543개였던 미국 은행 수가 2023년 들어서는 4,800여 개인 상황이다.

이 시기 경기침체의 셋째 요인은, 파생상품이다. 파생상품이란 주식이나 채권 같은 기초자산의 가치 변동에 따라 가격이 결정되는 금융상품을 말하는데, 대표적으로는 선물, 옵션, 스왑 등이 있다. 금융시장은 신용으로 돌아간다. 리먼 브러더스 파산의 직접적 원인이 파생상품 발행은 아니지만, 시장의 불신이 이 회사의 파산을 가속화하는 데 큰 역할을 했다는 평이 많다. 당시 서브프라임 모기지 대출채권을 보유한 금융기관들은 이 대출채권의 위험성을 줄이고자 대출채권의 상환금을 보장하는 파생상품을 발행했다. 이러한 파생상품은 주로 신용파생상품Credit Derivative으로 서브프라임 모기지 대출채권에 대한 신용위험을 다른 사람에게 양도하고 이를 보장하는 것이 목적이었다.

하지만 당시 미국 부동산의 가격은 앞으로도 무조건 오른다는 인식이 강했기에 금융기관들은 리스크를 간과하고 마구잡이로 상품을 발행했다. 여러 대출상품을 패키징해 채권으로 만들어 팔고MBS, Mortgage Backed Securities, 다시 이 MBS를 보증하는 상품 CDO Collateralized Debt Obligation를 발행했다. CDO 상품은 MBS를 여러 개 묶어서 만든 파생상품인데, 이는 서브프라임 모기지 대출채권뿐 아니라 위험한 것과 안전한 대출채권을 묶어서 만들었다. 이 채권은 약 5단계를 거친 패키징 작업 덕분에 안전해 보였기에, 전 세계 연기금은 물론 대한민국 땅끝마을에 사는 할머니까지도 은행의 권유를 받아 이 상품을 구매했다. 하지만 미국 부동산이 폭락하자 이 하나의 변화가 꼬리에 꼬리를 물면서 5단계를 거친 파생상품들까지 부도가 났고, 그로 인한 피해 규모는 가늠하기조차 힘들게 되었다. 시장 불신이 팽배해지면서 전 세계적으로 금융기관들이 서로 대출을 해주려고 하지 않았다. 이러한 이유로 서브프라임 모기지 사태는 꽤 오랜 시간 지속되었다.

미국 정부는 향후 이러한 사태를 방지하고자 부동산담보대출 시 현재 우리나라에서 실시하고 있는 총부채원리금상환비율을 뜻하는 DSR이라는 제도를 도입했다. 그리고 DSR은 43% 이하로 설정했다. 미국은 대규모 양적완화와 금리인하 정책을 펼쳤으며 글로벌 금융위기로 드러난 여러 문제를 해결하고자 2010년 도드-프랭크

법Dodd-Frank Act을 제정했다. 자산이 500억 달러 이상인 은행들에 경기침체 스트레스 테스트를 실시해, 통과하지 못할 경우 은행업을 할 수 없게 한 것이다. 이로써 거의 4~5년 만에 미국은 경기침체에서 탈출했다.

$$\bullet \quad \bullet \quad \bullet$$

지금까지 미국의 경기침체의 3가지 사례를 살펴보았다. 공통점은 무엇인가? 경기침체가 오자, 국가가 금리를 인하하면서 돈을 풀었고, 부동산과 주식은 그 이후 다시 전고점을 돌파했다는 사실이다. 그렇다면 여기서 우리는 무엇을 배울 수 있는가? 경기침체가 닥친다고 마냥 무서워할 것이 아니라, 국가 경제의 근본은 '경제 발전'이며, 국가는 위기가 닥쳤을 때 어떻게든 '경기부양'을 위해 노력할 것이라는 사실을 기억하는 것이다.

전 세계 거의 대부분 국가의 물가 목표는 2%다. 이를 바꿔 말하면, 화폐 가치는 2%씩은 무조건 떨어진다는 말이다. 또다시 바꿔 말하면 우리가 사거나 투자하는 자산의 가격은 최소 2%씩은 오른다는 말이다.

투자에서는 일반적으로 '롱Long'은 상승, '숏Shot'은 하락을 뜻한다. 그래서 '숏에 투자했다'는 말은 지수하락에 돈을 걸었다는 뜻이다. 나는 종종 "상승구간은 길어서 롱이고, 하락구간은 짧아서 숏"이라고 말하곤 한다. 무슨 말인가? 하락보다는 상승에 배팅하는 것이 확률적으로 유리하다는 뜻이다.

전 세계 모든 정부와 중앙은행의 시스템이 결국 경제 발전을 위해 존재하고 이를 달성하기 위해 노력한다는 사실을 기억하면서 침체에 대한 공포를 이겨내자. 우리나라는 심지어 '한국은행법'을 제정하면서 제1조 목적에 다음과 같이 적었다.

제1조 (목적) (중략) 통화신용정책의 수립과 집행을 통하여 물가 안정을 도모함으로써 '국민경제의 건전한 발전에 이바지함을 목적'으로 한다.

# 2장

# 백전백승
# 올웨더 투자법

# 01

# 절대로 잃지 않는
# 올웨더 투자처

TV 뉴스를 보니 미국이 갑자기 금리를 올린다고 한다. 며칠 뒤 한국은행도 금리인상을 고려 중이라는 기사가 뜬다. 그리고 곧 기준금리가 올라간다. '어, 올랐네? 뭐 나랑은 별 상관없는 이야기지' 하며 무심히 유튜브를 실행한다. 구독 중인 부동산 유튜버가 기준금리는 언급도 않고 주택 공급은 향후에도 적을 테고 임대차 3법의 영향으로 부동산 가격이 계속해서 오를 거라고 한다. '그래, 당연하지' 하며 한숨을 돌린다.

하지만 몇 주 뒤 무조건 오른다는 말에 사두었던 주식이 급락하고 거주 중이던 집의 가격이 느닷없이 떨어지기 시작한다. '어, 뭐지? 사람들이 너도나도 앞다퉈 집을 파네?' 투자한 자산의 가치가 더 하락할지 모른다는 공포에 휩싸여 많은 사람이 주식이나 부동산을 내놓지만 현저히 낮은 가격으로 던지지 않는 한, 관심을 주는 사람이 없다.

이것이 바로, 미국의 금리인상 뉴스가 나온 지 단 몇 달 사이에 벌어진 일이다. '이런 일이 일어날 줄 알았더라면 자산의 가치가 최고점에 달했을 때 팔아서 최고의 수익을 냈을 텐데!' 투자를 해본 사람이라면 누구나 한 번쯤 이런 생각을 했을 것이다. 과거에도 그랬고 현재에도 그러며 미래에도 그러지 않을까 싶다. 다만 이러한 일이 반복된다는 것을 인지하고 왜 이런 일이 일어나는지 그 원인과 결과를 제대로 이해하고 투자한다면 위기의 순간 버틸 수 있는 계획을 세울 수 있고, 우리의 소중한 자산을 지키는 것은 물론 불릴 수도 있다. 그럼, 우리가 살아가는 자본주의 사회 시장이 어떻게 돌아가는지부터 살펴보자.

## 경제의 6요소와 경기순환이론

경제는 크게 6가지 요소에 영향을 받는다. 즉 기준금리, 환율, 원자재, 물가, 고용, 소비가 유기적으로 맞물려 현재의 경제 상황을 만든다. 한국은행은 시장 상황을 고려해 정기적으로 기준금리를 정하는데, 이에 따라 물가나 원자재 가격, 환율이 오르내리고, 소비와 고용이 늘거나 줄어든다. 이처럼 경제의 6가지 요소에 영향을 받아, 경기가 활성화되거나 저조해지고 다시 회복되기를 반복하는 과정을 '경기순환'이라고 한다. 그럼, 2020년 코로나19 팬데믹을 기점으로 진행된 경기순환 과정을 되짚어보자.

### 경기침체기

경기가 침체기에 접어들면, 정부는 지출을 늘리고 한국은행은 기준금리를 내려 쉽게 대출을 받을 수 있게 한다. 우리나라는 물론 전 세계가 코로나19 팬데믹에 휩싸였을 때 무슨 일이 있었나? 공장이 폐쇄되고 사람들이 집에 고립되면서 소비가 줄었다. 이로써 매출이 급격히 줄어든 기업은 폐업했다. 경기는 최악의 상황으로 치달았고 기업들의 실적도 단기적으로 좋지 않자 주가가 폭락했다. 이때 정부는 코로나19 긴급재난지원 정책을 펼쳤다. "재난지원금을 드릴 테니, 지역사회를 위해 소비 좀 해주세요"라는 부탁이었다. 2020년 대한민국 정부는 국민 긴급재난지원금 지급, 기업들의 회사채와 기업어음 매입, 소상공인과 자영업자 긴급대출 등으로 유례없는 규모의 재정을 쏟아부었다. 이것이 바로 '재정정책'이다. 우리나라의 중앙은행인 한국은행도 2020년 3월, 금리를 0.5%p 인하하는 빅컷을 단행했다. 이로써 우리나라는 지난 20년 사이 최초로 0%대

금리를 맞이했다. 이것을 '통화정책'이라고 한다.

이처럼 경기침체와 버블이 발생하면 정부와 중앙은행은 재정정책과 통화정책이라는 2가지 방법으로 국가의 경기를 부양시키거나 하향 안정화시킨다. 그런데 대한민국은 왜 그렇게나 많은 돈을 푼 것일까? 근본적인 질문을 던져보아야 한다. 통화 측면에서 보면 '전 세계 나라들의 환율방어 전쟁'이라고 할 수 있다. 이 당시 미국 또한 역사상 가장 큰 규모의 돈을 시장에 풀었으며, 전 세계 각 나라들도 미국의 돈 풀기에 동참했다. 왜 그랬을까? 잘 생각해 보라.

미국은 세계 최대의 소비 국가이며, 달러는 전 세계의 기축통화다. 미국이 엄청난 규모의 달러를 시중에 풀면 우리나라 입장에서는 원/달러 환율에서 분모인 달러가 증가하므로 환율이 내려간다. 수출기업들은 환율 하락으로 물건을 많이 팔아도 환전하면 더 적은 돈을 쥐게 된다. 따라서 미국에 물건을 수출하고 달러로 거래하는 나라들은 자연스럽게 자국의 통화량을 같이 늘릴 수밖에 없었다.

특히 우리나라처럼 수출 위주의 국가들은 미국이 돈을 풀 때 같이 풀어야만 무역에서의 적자를 방어할 수 있다. 물론 한국경제가 침체에 빠지면서 국민의 소비를 촉진시키고자 통화량을 늘린 것도 사실이지만, 미국의 무제한 돈 풀기에 대한 우리나라의 환율방어 측면도 있었다는 걸 알아야 한다. 어쨌든 이 시기, 전 세계의 각국 중앙은행과 정부는 엄청난 양의 자국 화폐를 풀었다. 이른바 미국을 제외한 국가들의 달러방어 슈퍼매치가 성사된 것이다.

## 경기회복기

은행의 금리가 낮아지면서 대출을 받는 것이 한결 쉬워졌다. 사람들은 너도나도 대출받아 투자를 시작했다. 주식도 사고, 부동산도 매입했다. 대한민국 집값이 사상 최고점을 찍고 평소엔 인기 없던 오피스텔 분양시장에도 사람들이 몰렸다. 부동산 분야 소위 전문가들이 관련 유튜브 채널에 출연해 "집값이요? 오늘이 제일 쌉니다. 사야 됩니다!"라고 목소리를 높였다. 부동산 가격이 하늘 높은 줄 모르고 치솟자 사회초년생들은 "집은 사는buying 곳이 아니라 빌려 사는living 곳이네요"라고 푸념하며 희망을 잃었다. 대중은 진입 장벽이 한결 낮아 보이는 주식으로 눈을 돌렸다. 주식의 'ㅈ' 자도 모르고 평소에 관심도 없던 사람들까지 그저 온라인에서 주워 들은 정보로 투자법만 배워 삼성전자에 돈을 넣었다.

경기회복기 초반에는 일명 '스마트 머니Smart Money'부터 움직인다. 이 똑똑한 돈들은 귀신같이 저점을 감지하고 미리 시장에 들어간다. 스마트 머니의 주인은 대개 부자들이다. 이후 자산의 가격 상승이 지속되면 이러한 분위기를 눈치챈 이들이 하나둘 시장에 들어오기 시작한다. 확장 국면 초기부터 경기 정점에 이르기까지 대중의 의식은 다음처럼 흘러간다.

초반　　에이~ 저건 가짜 상승이야. 곧 떨어질 거야.

중반　　너무 올랐잖아? 지금은 비싸!

(중반에 살짝 하강하면) 거봐, 내가 뭐랬어~ 내 말이 맞지?

(다시 상승하기 시작하면) 아, 이거 사야 되나?

(추가로 상승하면, 주변 사람에게) 이거 사야 될까요?

많은 사람이 경기회복기 초중반에는 가격이 좀 떨어지면 자산에 투자하겠다고 하지만, 가격이 살짝 내려가도 바로 투자에 뛰어들지 않는다. 하지만 다시 가격이 상승하고 추가 상승까지 이어지면 멘탈이 흔들리면서 주변 사람들에게 이것저것 묻기 시작한다. 추가 상승 시점에 일부 돈을 번 사람들의 '돈 자랑'은 그들을 더욱 조급하게 만든다. "주식 투자로 1억 벌었어요!" "부동산에 투자했다가 매도해 3억을 벌었네요!" 이런 이야기를 듣다 보면 지금껏 아무것도 하지 않은 자신이 싫어진다. 자산의 가격이 정점에 이른 순간, 마침내 그들은 결심한다.

**가격 정점기**     더 늦으면 안 되겠는걸. 대출을 당겨서라도 많이 사야지!

경기 확장 국면에 차익을 실현하는 대다수의 부자와 다르게, 대중은 다음 3가지 행보 중 하나를 선택한다.

1. 달리는 말에 올라타며 가격 정점 직전에 돈을 끌어와 무리하게 투자를 감행한다.
2. 확장 국면에도 오지 않을 저점 타이밍만 기다리며 투자하지 않는다.
3. 시장이 어떻게 흘러가든, 관심조차 갖지 않는다.

경기침체기와는 다르게, 경기회복기에는 많은 사람이 투자를 해야 한다고 말한다. 하지만 정말 돈을 크게 버는 사람들은 경기침체기에 싸게 산 자산을 그냥 가지고 있는다. 대중은 이를 보며 돈이 "처물렸네" 혹은 순화해 "세팅되어 있네"라고 말한다.

경기회복기에는 채권이나 금 같은 안전자산이 아닌, 주식이나 부동산, 코인 같은 비교적 리스크가 있는 위험자산에 적극 투자해야 한다. 경기 확장 국면에는 시장에 불이 붙은 상황이므로 이러한 위험자산들의 가격이 계속 오르게 마련이다. 이 시기엔 정부가 바라지 않는 형태의 일들이 일어난다. 정부는 침체기에 푼 돈으로 국민의 소비를 증진시켜 기업의 매출이 올라가고 다시 고용이 느는 '선순환구조'를 원한다. 하지만 사람들은 돈이 생기면 당장 내일 밥도 못 먹을 정도가 아닌 이상, 시장 분위기가 워낙 좋으니 투자부터 한다. 실물시장이 아닌 자산시장만 활발해지면서 자산 가격이 상승하는 것이다. 무슨 말인가? 풀린 돈이 가장 먼저 투자시장으로 간다는 이야기다.

## 경기호황기

투자를 통해 돈을 번 사람들은 이제 돈을 쓰기 시작한다. '쉽게 얻은 것은, 쉽게 잃는다Easy come, Easy go'고 했던가. 주식과 부동산 자산에 투자해 차익실현으로 돈을 좀 쥐게 된 사람은 일단 기분이 너무 좋다. 그때부터 본격적인 소비가 시작된다. 서랍장에는 작고 반짝이는 물건들이 늘어나고, 명품 가방, 시계, 구두도 한두 개씩 늘어난다. 차가 바뀌고 집이 바뀌기도 한다. 물론 투자를 하지 않은 경우라도 경기호황기엔 사람들의 소비 증가로 기업 매출이 증가하기에 월급쟁이라면 쥐꼬리만 한 액수라도 월급이 오르고 또 성과금도 받게 마련이다. 자연스럽게 월급쟁이들의 소비도 증가한다. 평소보다 외식이 잦아지고 그동안 사고 싶었지만 억누르고 있었던 욕망이 폭발해 물건도 망설임 없이 구입한다.

매출이 오른 기업들은 더 많은 제품을 생산하려고 하고, 이에 원료 수요가 늘면서 원자재 가격도 상승한다. 기업의 고용이 늘고 투자도 활발해진다. 소비자 수요 증가와 원자재 가격 인상, 임금 인상을 이유로 기업들은 이를 물건 가격에 반영하여 판매하기 시작한다. 이것이 물가가 상승하는 과정이다.

시장이 과열되면서 부동산과 주식 관련 부정적인 기사가 연일 신문 헤드라인을 장식한다. 부동산 관련 뉴스에서는 전세 난민이 발생했다느니, 집값이 너무 올라서 청년들은 앞으로 집을 살 수 없게 되었다느니 같은 말이 나오고 여기저기서 푸념이 쏟아진다. 그리고 일순간 집주인들이 악인으로 몰린다. 약속이라도 한 듯 "전세가를 폭등시킨 나쁜 투기꾼"이라며 입을 모은다. 주식시장에는 연일 최고가 행진이 이어진다. 너도나도 주식 투자에 뛰어들면서 동학개미 운동이 일어나고, 다시 미국 주식에 투자하는 서학개미들도 등장하는 등 주식시장이 달아오른다. 경기회복기를 지나며 이어진 상승장이 끝없이 이어질 것처럼 보이기에 청년들은 큰돈을 벌고자 대출까지 받아서 주식에 투자한다.

이러한 분위기 속에 부동산과 주식 시장에는 자산의 실제 가치보다 부풀려진 버블이 끼기 시작한다. 유튜브의 경제 관련 채널에 출연해 "실제로는 시장이 좋으니 추가 매수하라"고 주장하는 사람은 '네임드'로 추앙받고 "이제는 꺾여서 하락하기 시작할 것"이라고 하는 사람은 '듣보잡(듣도 보도 못한 잡놈)'이라는 비아냥을 듣게 된다.

이 시기 대중의 머릿속에는 '상승'이란 단어밖에 없다. 이미 자신의 돈을 털어 넣었기에 하락 또는 폭락이라는 단어가 어디서 들리기만 해도 화가 난다. 투자자들의 마음은 어느 때보다 단단히 단합된다. 하락 시그널을 말하는 영상의 댓글에는 잔뜩 화가 난 투자자들의 비난과 욕이 뒤섞인다. 이때야말로 투자를 한 사람과 투자를 하지 않은 사람이 명확히 구분되는 시기다.

## 경기하락기

정부와 시장, 대중들도 서서히 투자 과열을 감지한다. 우리나라의 중앙은행인 한국은행은 과열이 심화되어 버블이 터지기 전, 미리 금리를 올린다. 경기하락기 초반에는 금리가 인상되어도 사람들이 그 변화를 실감하지 못한다. 경기회복기에서 경기호황기를 지나오며 투자를 통해 벌었던 돈의 달콤함이 남아 있기 때문이다.

정부는 기준금리를 올려서 시장의 버블을 때려잡겠다고 강하게 선포하지만, 투자 전문가들은 "무시하라"며 그래도 계속 상승할 거라 이야기한다. 왜 그럴까? 달리는 자동차를 한번 생각해 보라. 시속 100km로 달리던 자동차를 일순간 멈출 수 있겠는가? 하지만 기준금리가 오르면서 대출금리도 슬슬 오른다. 이쯤 되면 무리하게 대출받아 자산을 매입한 사람들이 쎄~한 기운을 감지한다. '어? 이거… 이자 내는 게 점점 퍽퍽해지네?' 가진 자산을 되팔아서 이자를 내야겠다고 생각하는 사람이 하나둘 늘어난다.

기준금리가 더 오르면 너도나도 시장에 부동산이든 주식이든 던지기 시작한다. 더는 대출이자를 감당할 수 없어서다. 사려는 사람보다 팔려는 사람이 많으니 자연스럽게 매수자 우위 시장이 된다. 절박한 사람은 어떻게든 자산을 팔고자 경쟁자들보다 가격을 더욱 내린다. 이 와중에 대출이 없는데도 괜한 불안과 공포에 휩싸여 자산을 손절하려고 하는 사람도 나온다. 이들의 자산까지 시장에 더해지면서 시장의 공포는 더욱 극대화되고, 사람들은 경쟁적으로 자신의 자산을 팔아치우고자 애를 쓴다.

경기는 어떻겠는가? 실물자산의 가치가 떨어지고, 감당해야 할

# 코로나19 기점으로 진행된 경기순환 과정

## (1) 경기침체기

## (2) 경기회복기

## (3) 경기호황기

## (4) 경기하락기

대출이자도 부담인 사람들이 소비를 줄인다. 여행이나 외식을 줄이고 물건을 살 때도 불필요하다 싶으면 지갑을 닫는다. 소비자의 소비가 줄어들면 덩달아 기업의 매출도 떨어진다. 기업들은 직원을 많이 둘 이유가 없기에, 불필요 인력을 해고하거나 신규 채용을 중단한다. 청년들의 취업은 한층 힘들어지고 월급쟁이들도 혹 자신이 어느 날 갑자기 해고 통보를 받지는 않을까 잔뜩 몸을 움츠린다. 또 기업들은 투자에 인색해지기 때문에 신규 사업을 추진하지 않는다. 건설 현장도 싸늘하게 식는다. 물가상승으로 건축자재 가격이 올라 이윤을 남기려면 분양가를 한층 높게 설정해야 하는데, 주변 아파트 가격도 떨어지고 있으니 신규 분양을 무리하게 추진할 수 없는 것이다. 어쩔 수 없어 분양하게 되더라도 미분양을 피할 수 없다.

이처럼 자산의 가격이 하락하고 소비가 줄어들며, 기업들도 함께 어려워지는 때가 경기하락 국면이다.

## 경기시점별
## 투자법

앞서 2020년 코로나19 팬데믹을 기점으로 경기가 어떻게 흘러가고 시장에 어떤 움직임이 포착되는지 살펴보았다. 그렇다면 이제, 호황기와 하락기, 침체기와 회복기에 어떤 투자 기회가 도사리고 있는지, 어떤 자산에 투자하는 것이 유리한지 알아볼 차례다. 이것만 잘 기억해도 우리의 소중한 자산을 유리한 자산에 옮기며 절대 잃지 않는 투자가 가능하다.

### 경기호황기

경기호황기의 거의 정점에서 중앙은행은 물가상승과 자산 버블을 우려해 금리를 인상한다. 예금금리가 올라가면 은행에서 대출을 받아 주식시장으로 들어왔던 돈이 다시 은행으로 돌아간다. 예금금리가 높기 때문에 사람들을 주식을 팔아 비교적 안정적인 예금에 돈을 넣는 것이다. 이로써 주식 가격이 하락한다. 이때는 원자재 가격도 하락하는데, 물가가 상승하면 원자재 물가도 상승하기에 당연히 가격이 오르지만, 금리를 계속 상승시키면 소비가 줄고 상품이 팔리지 않으면서 결국 물가가 하락하고, 원자재 가격도 하락한다. 따라서 경기호황기에 중앙은행이 금리를 상승시킨 후 물가가 떨어지기 시작한다면, 원자재는 팔아야 한다. 이 시기에는 금리를 많이 주는 은행 예금에 자산을 넣어두는 것이 안정적이다.

### 경기하락기

앞서 전 세계 주요나라의 물가 목표가 2%라고 했다. 따라서 물가상승이 전년 대비 2%에 근접해 간다면 중앙은행은 올렸던 금리를 내릴 준비를 하기 시작할 것이다. 금리의 최고점은 '물가지표'를 보고 가늠할 수 있는데, 이때는 무조건 국가가 발행하는 채권에 투자하는 전략이 유효하다. 결국 중앙은행이 기준금리를 내릴 것이기에 당연히 채권 가격은 오르기 때문이다.

### 경기침체기

기준금리가 급격히 내려갔다면, 경기침체 때문이다. 중앙은행은 치솟는 물가를 잡기 위해 기준금리를 올리지만 금리인상의 여파는 '시차'를 두고 오므로 적정금리가 어느 정도인지 파악하기 어렵다. 결국 그 시차에 따른 경제 충격으로 경기침체가 온다. 신문에서 '경기침체' '금융권 줄도산' 같은 제목의 기사가 나온다면, 즉시 금에 투자해야 한다. 정부는 부도가 날 수 있지만, 금은 전 세계 어디에서나 통용된다. 만약 아프리카 어느 부족에 살던 사람이 우리나라에 와서 껌 한 통을 사면서 아프리카 돈을 내민다면 어떨까? 아마 가게 주인이 팔지 않을 것이다. 하지만 금을 준다면? 당연히 껌을 줄 것이다. 그것도 많이! 이처럼 금은 경제위기에 대표적인 안전자산이기에 이 시기에는 금으로 돈이 몰린다. 그리고 가격도 상승한다.

### 경기회복기

경기침체기를 지나 경기회복기에 들어서면 경기하락기 때 사두었던 채권을 팔고, 다시 주식을 사야 한다. 경제 기사에서 '양적완화 추진' '한국 무역수지 분기연속 흑자 전환' 같은 제목이 눈에 띄기

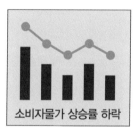

시작한다면 가격이 충분히 떨어진 우량 기업 혹은 주식 ETF를 매수하는 것이 좋다. 정부가 돈을 풀고 그 돈으로 사람들이 소비하기에, 소비가 늘면서 기업들은 돈을 벌게 되니 매출이 좋아진다. 기업들은 경기침체기에 겪은 부진을 털고 고용도 늘린다. 특히 금리가 낮은 수준이라면 침체기를 겪으며 한껏 가격이 내린 부동산에 투자하는 것이 좋다. 저금리 대출이 가능하기에 많은 이가 부동산 투자로 몰릴 것이고, 경기침체기에 건설사들이 주택 공급을 보류하거나 취소함으로써 신규 공급이 줄었을 가능성이 크므로 주택 공급 부족으로 인해 부동산 가격이 오를 수밖에 없다. 이런 경제순환 사이클을 순서대로 짧게 도식화해 보면 다음과 같다.

경기침체

정부지출 증가 / 기준금리 인하 → 대출 증가 → 투자 증가 → 부동산 및 주식 가격 상승 → 소비 증가 → 기업매출 증대 → 고용 증가 → 원자재 가격 상승 → 물가상승 → 물가 버블 발생

경기호황

기준금리 인상 → 대출 축소 → 이자 증가 → 부동산 및 주식 가격 하락 → 소비 감소 → 기업매출 감소 → 실업률 증가 → 예금 선호 / 국채 및 금 가격 상승

## 경기순환 예측 지표

이 같은 경기의 침체기와 회복기, 호황기, 하락기 전환을 좀 더 쉽게 알아보는 방법은 없을까? 다행히 있다. 단순히 숫자로 판단할 수 있는 지표가 있고, 심지어 선행지표도 존재한다.

통계청은 매달 '경기종합지수CI, Composite index'를 발표한다. 정부가 국민경제 전체의 경기동향을 쉽게 파악하고 예측하기 위해서 주요 경제지표 움직임을 가공하고 종합해 지수 형태로 나타낸 것이다. 경기변동의 국면과 전환점 및 속도, 진폭을 측정할 수 있도록 고안한 경기지표의 일종이다. 개별 구성지표의 경기전환점에 대한 일치 정도에 따라 선행종합지수leading, 동행종합지수coincident, 후행종합지수lagging로 나뉜다. 다만 복잡해 보이는 경기종합지수에서 딱 4가지만 봐도 현시점이 어느 국면에 있는지를 숫자로 파악할 수 있다. 앞서 말한 선행종합지수, 동행종합지수와 함께 선행지수 순환변동치와 동행지수 순환변동치를 살피면 된다. 이 중에서 선행지수 순환변동치는 향후 경기 국면 및 전환점을 단기 예측할 때, 동행지수 순환변동치는 현재 경기 국면의 전환점을 판단할 때 사용된다.

그런데 여기서 말하는 '선행지표'의 선행은 어느 정도 앞선 것을 말하는 것일까? 통계청 자료에 따르면, 1989~2020년까지 선행통계를 내봤더니, 경기정점은 평균 9개월 선행하고 경기저점은 평균 4개월 선행했다. 이 지수는 그 기준이 100이며, 보통 현재 지표가 2분기 이상 연속 움직이면 경기전환점 발생 신호로 본다. 다만 경기종합지수엔 단점도 있다. 지수의 변동 수치를 다소 늦게 알 수 있고, 이 수치가 상관관계는 높으나 선행과 동행지수 순환변동치에만 의존해 분석하는 데는 무리가 있다는 점이다. 따라서 더욱 분석이 완벽해지려면 이외 여러 시장에서 나오는 다양한 현재 지표들을 종합해야 한다.

경기침체기·경기회복기·경기호황기·경기하락기 이 4개의 국면이 원인과 결과로 조밀하게 연결되어 돌아가지만, 순서가 고정되어 있는 것은 아니다. 경기침체 국면으로 접어들다가도 어느 한 고리의 변수가 바뀌면 경기가 다시 회복 국면이나 하락 국면으로 흘러갈 수도 있다는 뜻이다. 따라서 투자자라면 늘 시장의 다양한 지표들을 주도면밀하게 확인하고, 가능하다면 진짜 전문가들과 함께 토론하며 적절한 투자처를 찾아야 한다.

물론 모든 사람이 이와 같은 경기순환을 정확히 파악하고 해당 국면에 맞는 투자를 할 수 있었다면, 이미 억만장자가 되어 이 책이 출간될 필요도 없었을 것이다. 경기순환 이론을 가르치고 있는 전문가들 역시 억만장자가 되지 못한 것은, 그만큼 경기 국면과 최적의 투자 타이밍을 파악하는 것이 힘들다는 징표다. 시장에는 너무 많은 변수가 존재한다. 한 개의 연결고리만 바뀌어도 확, 바뀐다. 남자들은 여자친구나 아내가 갑자기 "나, 뭐 달라진 거 없어?"라고 물으면 등에 식은땀이 흐른다. 하지만 그때라도 얼른 상대의 모습을 꼼꼼히 관찰해야 한다. 아주 미세한 변화까지 감지하는 것은 결코 쉬운 일이 아니지만, 그럼에도 불구하고 자세히 살피다 보면 분명 보일 것이다. 시장 역시 당신에게 매일 묻는다.

"나, 뭐 달라진 거 없어?"

## 달러 그리고
## 금

아이가 태어난 지 1년이 되는 첫돌에는 대개 돌 반지를 선물한다. 그런데 왜 하필 돌 반지는 24K 촌스러운 노랑의 순금인 걸까? 가격도 저렴하고 트렌디한 귀금속도 많을 텐데 말이다. 돌 반지를 선물해 주시는 어르신들을 한결같이 말씀하신다.

**"힘든 일 있을 때 비상금으로 사용하거라."**

'그럼, 차라리 돈으로 주시지….' 이런 생각이 들 수도 있다. 그런데 잘 생각해 보면 어르신들이 그렇게 하시는 데는 다 이유가 있다. 사실 요즘 돌잔치가 많이 간소화되긴 했지만, 그럼에도 순금의 반지나 팔찌를 선물하는 풍습은 좀처럼 사라지지 않고 이어지고 있다. 우리나라만 순금의 가치를 높이 평가하는 것은 아니다. 올림픽이나 아시안게임 등 전 세계 주요 스포츠 경기에서도 최고 우승자에겐 순금의 '금메달'이 주어진다. 도대체 금이 뭐길래?

오래전부터 금은 희소성과 영구성이란 특성 때문에 화폐로 사용되었다. 알다시피, 금은 공급이 극도로 제한적인데, 금 채굴기업 '칼로골드'에 따르면, 지금까지 인류가 채굴한 금의 양이 2021년 기준 20만 1,296t에 불과하다고 한다. 이 모든 금을 녹이면 한 변의 길이가 21.8m인 정육면체에 넣을 수 있을 정도라는데, 이는 아파트 1층 높이를 2.7m로 계산했을 때 아파트 8층 높이에 해당한다. 어떤가, 생각보다는 적지 않은가?

우리나라도 IMF 시절 외환보유고가 바닥나자, 전 국민이 자발적인 '금 모으기 운동'으로 외환위기를 극복하고자 애썼다(물론 우리나라가 외환위기에서 벗어날 수 있었던 게 전 국민이 모은 금 때문만은 아니다). 이처럼 금은 전 세계 어디를 가나 통용되는 물물교환의 수단이 된다. 여러 영화 속에 묘사되는 국가의 독재자들이나 대단한 부호들의 금고에는 늘 2가지 자산이 눈에 띈다. 하나는 달러, 다른 하나는 금이다. 왜 이들은 달러와 금을 그렇게나 좋아하고 축적하는 걸까? 잘 먹고 잘 살려면 부자들을 따라 하라고 하지 않던가, 부자들이 왜 그토록 달러와 금을 좋아하는지부터 알아보자.

미 달러화와 금의 관계를 이해하는 것은 금융투자의 핵심에 접근하는 방법 중 하나이기도 하다. 둘 사이의 역사와 상호작용을 알면 글로벌 금융의 주요 이슈와 동향도 파악할 수 있다. 고작 2가지 자산만 제대로 공부하고 이해해도 전 세계 금융의 흐름을 파악할 왜 사람들은 금을 좋아할까?

특히 부자들은 금과
달러를 매우 좋아한다

마이 프레셔스!!!

금과 달러,
둘 다 놓치지
않을 거야

달러와 금은 경쟁 구도였고 이 둘의 관계를 이해하는 것은 금융투자의 핵심 중 하나다

경기호황기엔
달러!

경기침체기엔
금!

그런데 여러 투자 대안이 나타나면서
금과 달러의 관계가 반드시 역의 관계에만 있지 않게 되었다

너랑 나랑
다른 길
아니었냐?

그렇게 어쩌다 보니
같은 방향이네
근데 얘는 뭐냐?

난 비트코인이야
금이랑 같이 다니려고

수 있다니 대단하지 않은가? 먼저 달러지수와 금의 변동요인부터 간단히 알아보자.

## 달러지수의 상승과 하락

달러지수가 상승 혹은 하락하는 데는 다음의 3가지 이유가 있다.

첫째, 미국의 경제 상황이다. 당연한 말 같지만, 미국 경제가 성장하면 달러 가치가 상승한다. 투자자들이 미국 경제가 호황일 때 주가 상승이 예상되므로 달러를 매수하고, 미국 경제가 침체되면 달러 기반의 자산 가치 하락이 예상되므로 수익률이 높은 다른 나라에 투자하고자 달러를 매도한다.

둘째, 기준금리 변동이다. 미국의 기준금리가 상승하면 달러화 가치도 함께 상승한다. 이는 높은 금리 덕분에 더 많은 외국인 투자자들이 들어오고, 그 결과 달러 수요가 증가하기 때문이다. 반대로, 미국의 기준금리가 하락하면 시장에 달러가 많이 풀리기 때문에 달러 가치도 하락한다.

셋째, 정치적 요인이다. 미국 내외의 정치적 이슈도 대단히 큰 영향을 미친다. 투자자들의 불안감이 커지면 그로 인해 달러 가치도 흔들리기 때문이다. 예를 들어, 미국의 불안정한 정치 상황이나 정책 변화는 투자자들 입장에서는 불확실성이 커지는 상황이므로 달러 가치가 하락한다. 실제 미국 대통령의 임기 말 레임덕lame duck이 극심해지면서 다음 정권에서 많은 정책이 바뀔 것으로 예상되던 시기에는 달러 가치도 크게 하락하곤 했다. 반대로, 미국의 정치 상황이 안정적으로 바뀌면 달러 가치가 상승한다. 미국 대선 이후 대통령의 임기 중기로 접어들면 상대적으로 정책이 안정되므로 달러 가치도 상승세를 탔다.

### 금 가치의 상승과 하락

금의 가치가 상승하거나 하락하는 데도 여러 요인이 있다.

첫째, 경제 불안정이다. 경제적 불확실성이 커지면, 투자자들에겐 안전자산을 피난처로 삼으려는 경향이 강해지고 그것이 바로 '금'이 된다. 그렇다 보니 금을 찾는 수요가 늘면서 금값이 상승한다. 반대로 경제 상황이 안정화되면, 투자자들은 다소 리스크는 있어도 변동성이 커서 차익실현이 쉬운 자산으로 이동하며, 이로써 금값이 하락한다.

둘째, 인플레이션이다. 금은 전통적으로 인플레이션의 방어 수단으로 사용되었다. 따라서 물가상승률이 높을 때 금값도 상승했으며, 반대로 인플레이션이 낮을 때 금값은 하락했다.

셋째, 실질금리(인플레이션을 고려한 금리)이다. 금리가 높을 때, 금 정도의 이자 수익률을 기대할 수 없는 자산은 상대적으로 매력이 떨어질 수밖에 없다. 따라서 실질금리가 높을 때는 금의 가격이 하락할 수 있고, 반대로 실질금리가 낮거나 음수일 경우 금값은 상승하는 경향이 있다.

## 황금의 나라와 경제 대공황

달러지수와 금값의 오르내림세만 봐도 많은 경제 상황들을 예측할 수 있다. 그런데 경제학에서는 보통 달러와 금이 역의 상관관계에 있다고 가르친다. 왜 그런 것일까? 어쩌다 이러한 관계성을 갖게되었는지도 경제 역사에서 찾을 수 있다.

고대부터 금은 영롱한 노란빛의 아름다움과 희소성 때문에, 화폐의 역사에서도 빼놓을 수 없는 자산이자 국가의 부를 상징하는 대표 자산으로 여겨졌다. 미국이 전 세계 패권을 장악하고 달러화가 기축통화가 된 데도 이 나라가 전 세계에서 가장 많은 양의 금을보유하고 있다는 사실이 영향을 미쳤다. '금'을 제대로 이해하려면미국을 빼놓고 설명할 수 없는 이유이기도 하다.

1차 세계대전이 벌어지기 전까지 각국의 화폐는 단순히 금 교환권에 불과했다. 많은 나라가 화폐 한 단위의 가치를 일정량의 금 가치에 결부시킨 '금본위제도'를 따랐기 때문이다. 따라서 정부는 화폐 발행량을 금의 양에 맞춰 조절했다.

하지만 1914~1918년 1차 세계대전을 기점으로 대부분의 유럽국가가 금본위제도를 버리고, 화폐를 인쇄해 전쟁 자금을 조달하면서 분위기가 달라졌다. 당시 미국은 중립국이었기에 전쟁에 참여하지 않았고 전쟁이 끝날 때까지 유럽 국가들에게 식량과 무기, 여러생활필수품을 공급하면서 그 대가로 금을 받았다. 이 때문에 전 세계 대부분의 금이 미국으로 이동하게 된 것이다.

1920년대 미국은 그야말로 '황금의 시대'를 보냈다. 대량생산 기술력을 갖추고, 자동차, 라디오, 영화 등 새로운 소비재의 출현으로 산업이 확장되었다. 덕분에 주식시장이 크게 성장했고 주식 투자 붐이 일었다. 이런 분위기 속에 많은 사람이 여기저기서 돈을 빌리고 끌어다가 투자에 뛰어들었다.

결국 문제가 터졌다. 생산은 과잉인데, 소비는 그에 미치지 못했기 때문이다. 상품들이 창고에 쌓이기 시작하자 기업들이 생산을 급격히 줄이면서 직원들을 해고했다. 게다가 미 연준은 치솟는 물가를 막기 위해 금리를 상향 조정했고, 주식시장에 끼어 있던 버블이 순식간에 꺼지면서 수많은 개인이 파산하며 경제 대공황을 맞았다. 위기에서 벗어나려면 양적부양이 필요했다.

1933년 미국의 프랭클린 루스벨트Roosevelt, T. 대통령은 달러와 금의 교환을 중단시켰다. 달러의 가치를 금과 연동시킨 상태에서는 돈을 마음껏 풀 수 없으므로 통화정책을 통한 경기부양이 어렵다고 판단한 것이다. 이로써 정부가 경제 활동에 적극적으로 개입하여 경기를 조정하는 '뉴딜 정책'이 시행되었고, 미국 국민들은 달러를 금으로 교환할 수 없게 되었다.

사실 미국의 금본위제도는 1933년 경제 대공황과 1971년 브레턴우즈체제 붕괴, 이렇게 두 단계에 거쳐 폐지되었다. 다만 둘에는 차이점이 있다. 경제 대공황이 미국 내부 경제 정책의 변화 정도에 그친 반면, 브레턴우즈체제 붕괴는 국제 금융시스템 전체에까지 영향을 미친 것이다. 이는 전 세계 금본위제도의 완전한 폐지였다고 해도 과언이 아닐 것이다.

다만 미국이 1930년대 경제 대공황에서 벗어날 수 있었던 결정적 계기는, 뉴딜 정책이 아닌 2차 세계대전 발발이었다. 정부의 개입과 노력에도 실질적인 경기회복 여지가 보이지 않던 1941년에, 미국이 2차 세계대전에 본격적으로 참전했다. 전쟁은 여러 산업 분야의 생산을 촉진했고, 각종 군사 장비와 물자 생산을 위한 공장들이 활성화되면서 많은 일자리가 생겨났다. 또한 전쟁은 공공지출을 확대시킴으로써 정부의 통화정책과 재정정책을 통한 경기부양을 가능하게 하였다.

### 기축통화의 탄생

1939년부터 1944년까지 이어진 2차 세계대전에서 유럽 국가들은 다시 미국에게서 각종 전쟁 물자를 금으로 구매했고, 이러한 교역으로 미국의 금 보유량이 더욱 증가했다.

2차 세계대전이 끝난 후, 1944년 미국 뉴햄프셔의 브레턴우즈에서 국제회의가 열렸다. 이전까지 각 나라는 자국 화폐를 금에 연동하는 금본위제도를 따랐지만, 전쟁으로 많은 나라의 경제가 무너진 상태였고 미국만이 지리적 이점으로 전쟁의 영향을 덜 받은 덕분에 세계에서 가장 많은 금을 보유한 우세한 상황이었다. 이로써 다른 나라들은 자국 화폐의 가치를 미국 달러에 연동시키기로 합의

하고, 미국 달러는 그 가치를 금에 연동하는 방식을 유지했다. 이로써 미국 달러가 세계 기축통화가 되었다. 하지만 이 브레턴우즈체제는 오래가지 못했다.

달러가 전 세계 기축통화가 된 이후 1960년에 베트남 전쟁이 발발했다. 1975년까지 지속된 이 전쟁에 미국은 대규모 군사력을 투입했다. 베트남 전쟁은 미국이 공산주의의 확산을 막기 위해 직접 개입한 대표적인 사례이기도 하다. 미국 정부는 전쟁을 위한 재원을 마련하기 위해 군비 지출을 크게 늘려 새로운 무기와 장비를 구입하고, 병사들에게 월급을 지급하면서, 해외에서의 군사 작전을 지원했다.

하지만 이러한 막대한 군비 지출이 미국 경제에 큰 부담이 되어 달러의 가치가 약화되었다. 군비 조달을 위해 달러를 많이 발행하다 보니 미국 달러에 대한 다른 나라들의 신뢰가 점차 떨어진 것이다. 이로써 전 세계 여러 나라들의 보유 중이던 미국 달러를 다시 금으로 전환하려는 시도들이 거세졌다. 미국의 금 보유고가 급격히 줄자 1971년 8월 리처드 닉슨Richard Nixon 대통령이 달러 방어를 위해 결단을 내렸다. 미국 달러와 금의 교환을 정지시킨 것이다. 금 교환권으로서의 역할을 암시했던 달러 속 'TEN DOLLARS IN GOLD COIN'이라는 문구도 삭제되어 발행되기 시작했다. 이로써 전 세계 경제가 충격에 빠진, '닉슨 쇼크'가 퍼졌다.

이처럼 일방적인 미국의 통보에도 전 세계 나라들은 크게 반발

하지 않았다. 당시 미국이 세계 경제에 미치는 영향력이 어마어마했고, 여러 나라가 얼마 가지 않아 미국이 금-달러 연동을 포기할 것이라고 예상했기 때문이다. 당시 금의 가격은 시장에서 결정되는 것이 아니라, 미국 정부가 인위적으로 결정하고 있었기에 금과 달러의 연동이 지속 가능하리라 보지 않았던 것이다. 무엇보다 미국의 일방적인 통보가 못마땅하긴 해도 적절한 대안이 없다는 것이 결정적인 이유였다.

역사에서 보듯, 금과 달러의 관계는 꽤 재미있다. 그럼 달러와 금의 관계 변화가 가격에 어떤 영향을 미치는지도 한번 생각해 보자.

### 경제가 불안할 때

여러 역사 속에서 살펴봤듯, 금은 전통적으로 안전자산으로 간주되었다. 세계 경제가 불안할 때 투자자들은 리스크가 높은 자산(주식, 채권 등)시장에서 안전한 자산시장으로 이동하는 경향이 있다.

이로써 금값은 상승하고, 달러는 보통 약세를 보인다. 달러가 약세인 것은 중앙은행이 경기부양을 위해 통화를 추가로 발행하거나 금리인하를 통해 경제를 회복시키려고 하기 때문이다. 실제 2008년 리먼 브러더스 사태 때도 이런 모습이 드러났다. 2007년 10월부터 2008년 5월까지 금 선물 가격은 약 19% 상승하고, 달러지수는 6% 하락, 같은 기간 S&P500지수는 8.28% 하락했다. 따라서 경제가 불안할 때는 금에 투자하는 것이 유리하다.

### 물가가 상승할 때

물건의 가격이 상승한다는 것은 화폐의 가치가 하락한다는 뜻이다. 달러 가치가 하락하고 있을 때 사람들은 비교적 가치가 안정적인 금에 투자하려고 한다. 코로나19 팬데믹을 겪던 2020년 전 세계 각국이 엄청난 돈을 풀면서 물가가 조금씩 상승하기 시작했다. 미국을 기준으로 2020년 6~12월까지 미국의 물가지수는 0.6%에서 1.2%까지 상승했고, 금 선물 가격은 약 8% 상승, 달러지수는 약 9% 하락, S&P500지수는 약 3% 상승했다.

당시에 나는 1990년부터 2023년 6월까지 약 33년간의 달러와 금의 상관관계를 조사해 보았다. 조사 결과 다소 놀라운 결과치를 얻었는데, 2010년을 기점으로 금과 달러의 상관관계가 변했다는 사실이었다. 그사이 무슨 일이 있었던 것일까?

2010년 3월, 최초의 암호화폐거래소가 생기면서 금과 달러 외

새로운 투자 대안이 탄생했다. 상관관계 지수를 통해 수치적으로도 확인할 수 있었다. 1990~2009년까지 약 19년간 달러지수와 금 선물의 상관관계지수는 약 −0.7로 높은 역의 상관관계에 있었다(이 수치가 −1이면, 달러지수의 상승은 동일한 폭의 금 선물의 하락을 의미한다). 다만 코인시장이 열린 후부터 이야기가 달라졌다. 2010~2023년 6월까지 금 선물과 달러의 상관관계지수가 0.1 수준이 되면서 경제 교과서에서 이야기하는 것과 완전히 상반된 결과가 나오기 시작한 것이다.

우리는 이를 어떻게 해석해야 하는 걸까? 경제가 복잡해지고 다양한 투자 대안이 등장함에 따라 정형화된 투자 패턴이 사라졌다고 이해하면 된다. 아주 기본이 되는 이론적 토대는 남아 있겠지만.

비트코인에 관해 조금 더 이야기해 보자. 2022년 9월부터 미국의 물가가 급하게 꺾이기 시작했는데, 비트코인과 금, 달러 자산들의 움직임을 살펴보면 재미있는 사실을 알 수 있다. 2022년 9월~2023년 6월 사이 이 3가지 자산의 움직임을 분석해 봤다. 비트코인과 금은 상관관계지수는 0.8로, 금이 오르면 비트코인도 높은 확률로 올랐다. 같은 기간, 비트코인과 달러의 상관관계는 −0.5로 달러지수가 상승하자 비트코인은 하락했다. 금과 달러의 상관관계는 −0.9로 금값이 오르자 달러지수는 높은 확률로 내렸다.

어떤가? 2022년 9월부터 비트코인은 금값의 움직임에 동조하면서 '디지털 금'이라는 수식어가 붙을 만한 자산으로 분류된 것이다.

'달러지수는 금값과 역의 상관관계에 있다'라는 전제야말로 우리의 고정관념이다. 복잡한 경제 상황 속에서 두 자산은 동일하게 혹은 반대로 움직일 수도 있다. 이것이 투자자가 이론이나 지식에 잠식 되지 말고 항상 깨어 있어야 하는 이유다.

## 채권

채권 투자는, 주식 투자나 부동산 투자에 비하면 일반인들에게 다소 생소할 것이다. 실제로 채권 투자 이야기를 꺼내면 가장 먼저 "채권이요? 그게 뭐죠? 어떻게 투자하는 건데요?"라는 질문부터 나온다. 하지만 거시경제를 조금이라도 이해하고 금리의 인상과 인하 움직임을 어느 정도 예측할 수 있게 되면, 채권 투자야말로 굉장히 좋은 투자 수단이라는 걸 알 수 있을 것이다.

통상적으로 국가가 발행하는 채권인 국채와 주식회사가 발행하는 주식은 역의 상관관계에 있다. 글로벌 경제의 불확실성이 커지고 지정학적 위험이 증가할 경우, 투자자들은 위험을 회피하려고 하므로 비교적 안전자산으로 여겨지는 국채에 대한 수요가 증가하면서 가격이 상승한다. 반면 주식 같은 위험자산에 대한 투자는 줄어들어 주가지수가 하락한다. 미국은 물론이거니와 대한민국도 사실상 망할 가능성은 거의 없기에, 전쟁이나 경기침체 등이 예상되면 국채로 돈이 몰리는 경향이 있다. 특히 미국은 여전히 전 세계 최강국이며 기축통화국이기도 해서 세계 여러 나라의 중앙은행과 연기금이 미국 국채에 투자하고 있다.

경제 성장의 둔화 움직임이 포착되면 투자자들은 기업의 수익성이 악화되리라 예상하면서 주식을 매도한다. 반면 국채 같은 안전자산에 대한 수요가 증가되어 국채 가격이 상승한다. 또 국채 가격이 상승하면 반대로 국채의 수익률(이자율)은 하락한다. 일반적으로 중앙은행이 경기를 부양하고자 기준금리를 인하하면 국채의 수익률도 하락하는데, 이것이 국채 가격을 상승시키는 것이다. 이러한 이유로 중앙은행의 통화정책 변화가 국채 가격과 주가지수의 움직임에 영향을 미칠 수 있다. 실제 사례를 살펴보자.

코로나19가 발발한 2019년 12월부터 2020년 3월까지 S&P500 지수는 17.71% 하락했다. 같은 기간 중 미국 20년 이상 장기채권에 투자하는 ETF 상품인 TLT의 경우 17.48%의 수익을 냈다. 게다가 이 상품은 매월 배당금을 지급했기에 따로 배당수익까지 챙길 수 있었는데, TLT의 배당수익률은 약 2.93%였다.

주가지수와 채권이 항상 역의 상관관계에 있는 것은 아니다. 다양한 요인이 작용할 수 있기 때문이다. 2023년 일부 시장전문가들은 한국은행이 외환보유액 중 금 비중의 확대를 고려해야 한다고 주장했다. 최근의 달러 가치 하락과 금값의 상승이 장기적인 추세로 이어질 수 있다고 본 것이다. 그들은 IMF가 발표한 미국의 전

거시경제를 알고 금리의 변동을 어느 정도 예측할 수 있다면 채권은 좋은 투자처이다

경기침체가 예상되면 돈은 안전자산인 금이나 채권으로 몰린다

금리인상이 끝나고 금리인하가 시작되면, 채권수익률이 떨어지면서 채권 가격은 오를 수 있다

금리인하가 기대될 때 많은 사람이 관심을 갖는 채권 ETF 삼형제에 주목하자

세계 GDP 비중이 2022년 25.4%에서 2028년 24%로 낮아질 것이고, 이러한 비중 축소는 달러 가치의 하락을 의미한다고 했다. 또한 글로벌 경제에서 중국의 가치를 높게 평가하는 국가들이 미 국채를 매각하면서 미 국채 보유 비중을 줄여나가고 있다는 것도 근거로 들었다. 2014년 미 국채의 외국인 비중은 34%였는데, 2022년에는 23.3%로 낮아졌다는 것이다. 실제로 자국의 이익을 위해 지역적으로나 문화적으로 가까운 나라들이 서로 결속해 경제적 이익의 극대화를 꾀하는 '세계경제블록화'로 인해 중국과 러시아를 필두로 한 일명 브릭스 국가들이 무역에서 달러의 사용을 줄이고 그에 대한 대비책으로 금을 계속해서 사들이고 있다.

이와 관련해 한국은행이 2023년 6월에 내놓은 '한국은행 보유 금 관리현황 및 금 운용방향' 보고서는 매우 흥미롭다. 2022년 한국은행이 보유하고 있는 금은 104.4t이며, 이로써 우리나라의 전 세계 금 보유 순위는 38위라고 한다. 그럼 이 많은 금은 어디에 있을까? 한국은행 지하 금고에 있을까? 아니다. 런던 시장에서 원활하게 거래하기 위해 영국 중앙은행 금고에 위탁보관 중이다. 전 세계 중앙은행들이 자국 소유의 금을 미 연준의 금고나 영국 중앙은행에 위탁해 보관하는 것은 흔한 일이다. 한국은행은 금 보유 비중 확대를 촉구하는 시장의 요구에 대한 입장을 보고서를 통해 명확하게 밝혔다. 금이 자산의 목적인 안전성, 유동성 및 수익성 측면에서 다른 자산들과 비교할 때 확실히 비교우위에 있는 게 맞는지 의문을 제기한 것이다.

금의 안전성은 매우 높다. 신용 리스크가 없고, 위기 시 담보로 활용하는 것도 가능하다. 단, 유동성의 경우 시장 규모의 차이 등으로 미 국채가 비교우위에 있다. 일평균 거래 규모의 경우 미 국채가 5,900억 달러, 금은 327억 달러이기에 금의 유동성은 미 국채의 고작 5.5% 수준에 불과하다. 따라서 한 번에 많은 양을 매각할 경우 금보다 미 국채 보유가 더 유리하다. 시장에 사줄 사람이 많기 때문이다. 수익성 측면에서는 어떨까? 금은 장기적으로 가격이 상승하므로 수익성 높은 자산이긴 하지만, 채권과는 달리 이자가 없으므로 안정적인 현금흐름을 만들기 어렵고 가격 변동성이 크다는 것이 단점이다.

다음 페이지의 표에서 확인할 수 있듯, 1973년 이후 금과 미 국채, 미 주식 중에서 변동성을 고려한 위험조정 수익률만 보면, 금이 가장 낮고 미 국채가 가장 높다는 걸 알 수 있다. 심지어 금의 변동성이 미국의 주식보다도 높다는 결과가 나왔다.

결론적으로, 한국은행은 금 보유량을 늘리는 것보다 위험조정 수익률이 가장 높고 쉽게 현금화할 수 있는 데다 이자까지 지급하는 미 국채를 더 많이 소유하는 것이 이익이라고 판단했다. 우리는 미국이나 세계 경기를 전망할 때 종종 미국 10년물 국채의 수익률을 기준으로 삼곤 한다. 여기에 많은 정보가 담겨 있기 때문이다. 경제 신문들도 미국 10년물 국채 수익률의 상승과 하락을 근거로 우

## 주요 자산별 누적 총수익

금의 누적 수익은 변동성이 매우 크다.

## 주요 자산별 누적 총수익

|  | 금 | 미 국채 | 미 주식 |
|---|---|---|---|
| 수익률[1] | 6.93 | 6.39 | 7.21 |
| 변동성[2] | 26.74 | 6.62 | 16.39 |
| 위험조정수익률[3] | 0.26 | 0.96 | 0.44 |

자료원: Bloomberg

금의 위험조정수익률은 0.26으로 미 정부채 0.96, 미 주식 0.44에 비해 낮다.

주  1) 기간 중('73년 이후) 연평균 수익률(%)
    2) 전년 동월 대비 월별수익률의 표준편차
    3) 수익률/변동성

리나라 경기를 전망하기도 한다. 왜일까?

미국의 단기국채 수익률은 연준의 기준금리 인상과 인하에 많은 영향을 받는다. 미 연준이 기준금리를 올리면 단기국채 금리 또한 상승하고 내리면 단기국채 금리도 하락한다. 하지만 10년물 국채 금리와 20년물, 30년물 같은 장기국채의 경우 중장기 경제 상황 및 인플레이션 전망을 반영한다. 게다가 미국 10년물 국채는 전 세계에서 가장 안전한 미국 국채 중에서도 거래량이 가장 많아서 한국을 비롯한 여러 나라의 연기금이나 시중은행들이 투자하고 있다. 미국의 대출금리도 대개 10년물 국채에 연동되어 있다.

다음 그래프에서 보듯, 경기가 침체에 빠지면 미 연준은 금리인

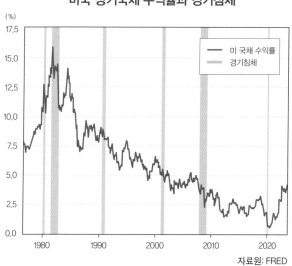

**미국 장기국채 수익률과 경기침체**

자료원: FRED

하 조치를 하는데, 이에 경기침체와 인플레이션 하락이 선반영되어 10년물을 비롯한 장기국채 수익률이 가장 빠르게 하락한다. 특별한 자연재해나 코로나19 팬데믹 같은 경우를 제외하곤 보통 미국 중앙은행이 물가를 잡기 위해 기준금리를 인상하는데, 인상 과정에서 금리의 최상단쯤 어디 한군데에서는 문제가 발생할 수밖에 없다. 이에 경기가 급격하게 침체로 접어들면서 소비가 줄고 기업들이 폐업하고 실업률이 증가한다. 이 같은 침체 국면에서는 중앙은행 즉, 미 연준이 기준금리를 내리고 국채와 부동산채권 등을 적극적으로 사들이는 양적완화를 실시하면서 경기를 부양한다. 우리가 채권의 성질을 잘 알고 있으면 이 같은 과정에 뛰어들어 성공적으로 투자할 수 있다.

경기침체로 장기채권 수익률이 가장 먼저 빠르게 떨어진다는 것은, 미국 장기채권 가격이 빠르게 상승한다는 뜻이기도 하다. 따라서 신문이나 뉴스에서 '미국의 경기침체'라는 단어가 나오기 시작할 때 우리가 투자해야 할 자산은 미국 장기채권인 것이다. 앞에서 설명했듯 2020년 코로나19 팬데믹으로 경제가 전반적으로 침체되었을 때 미국 10년물 국채의 금리가 급락했고 주식 또한 하락했다. 만약 이 시점에 미국 장기채권 TLT에 투자했다면 당신은 17%의 수익을 가져감과 동시에 월 배당수익까지 알뜰히 챙길 수 있었을 것이다. 또한 미국이 금리인상을 지속하다가 금리인하를 단행하면, 미국 장기채권의 수익률이 가장 많이 떨어지기에 장기채권의 가격 상승으로 성공적인 투자를 할 수 있다.

그럼 미국의 금리인하 시점을 미리 알 수 있다면, 미국 장기채권 투자를 좀 더 수월하게 할 수 있지 않을까? 금리인하 시점을 알 수 있는 방법이 있다. 구글에서 'FED Watch'를 검색해 들어가 보면, 시장이 예상하는 금리인하와 인상 시점이 실시간 업데이트되어 나온다. 아래의 표가 바로, FED WATCH에서 확인할 수 있는 시장의 금리인하 예상 시점이다. 'MEETING DATE'는 미 연준의 FOMC 금리 결정일을 뜻한다. 시장 상황에 따라 매번 변경되지만 2023년 8월 기준으로 보면 시장은 5.25~5.5% 금리를 유지하다가 2024년 5월 1일 FOMC 회의에서 38% 확률로 금리를 0.25% 인하할 것으로 예상하고 있다.

2023년 8월, 시장은 미국 기준금리 인하 시점을 2024년 5월쯤으로 생각하고 있다는 걸 알 수 있다. 물론 이는 시장 상황에 따라

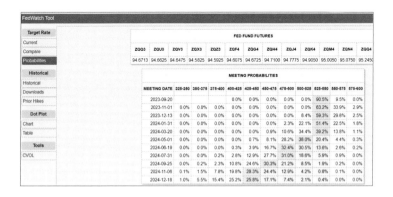

바뀌므로 정기적으로 체크해 보길 권한다. 다만 이 도표를 보면서 이런 생각을 해볼 수 있다. '지금은 2023년이지만 내년 초나 중반쯤에는 기준금리 인하가 예측되니 내가 가진 주식을 조금 정리해 올해 연말이나 내년 초쯤 미국 장기채권에 투자하면 괜찮은 수익을 낼 수 있지 않을까?' 하는 것이다.

그렇다면 미국 장기채권에 투자하는 방법을 배워야 한다. 개인이라면 ETF에 투자하는 것이 효율적인데 한국 회사들이 운용하고 있는 미국 장기채 ETF도 있고, 미국 회사들이 운용하는 ETF도 있다. 환율 등을 신경 쓰고 싶지 않다면 한국 ETF에 투자하는 것이 좋지만, 거래량 측면에서 볼 때 미국에서 운용하는 장기채 ETF 상품 수가 월등히 많으므로 개인적으로는 미국 장기채 ETF를 선호한다.

## 안정적 수익을 선사하는 장기채권 ETF 삼형제

전략에 따라 안정적인 수익을 낼 수 있는 미국 장기채권 ETF 삼형제가 있다. 바로, TLT, TMF, TLTW ETF다. 갑작스럽게 웬 영어인가 싶을 수도 있지만, 이 같은 3개 종목의 영어를 '티커Ticker'라고 부른다. 쉽게 말해, 상품의 코드 같은 것이다. 해외주식 종목 검색창에 'TLT'라고 입력하면 'iShares 20+Year Treasury Bond ETF'라는 종목이 나올 텐데, ETF의 이름만 자세히 봐도 몇 가지 정보를 얻을 수 있다. 'iShares'는 자산을 운용하는 회사의 이름인데 이는 세계적인 자산운용사 블랙록이 운영하는 ETF의 브랜드명 같은 것이다. '20+Year Treasury Bond'라는 것은 20년 이상의 장기채권을 의미한다. 따라서 TLT는 '블랙록이 운영하는 미국의 20년 이상의 장기채권 투자'라는 의미다.

이제 기본적인 이해가 되었다면, 미국 장기채권 ETF 삼형제의 특성을 하나씩 살펴보자. 먼저 TLT와 TMF를 비교해 볼 필요가 있다. TLT가 미국의 20년 이상의 장기채권 흐름에 투자하는 것이라면, TMF는 20년 이상 장기채권 흐름에 3배 레버리지를 두어 투자하는 것이다. TLT가 10% 상승하면 TMF는 30% 상승한다. 미국 장기채권이 상승할 때 큰 수익을 낼 수 있다. 미국의 기준금리 인하가 거의 확실하다면 TLT보다는 TMF에 투자하는 게 효과적이라는 말이다. 하지만 미 국채 20년물과 30년물의 수익률 상승으로 가격이 하락하게 될 경우에는 파멸에 가까운 손실을 입을 수도 있다는 것도 명심해야 한다. 예를 들어보자. 당신이 100만 원의 투자금으로 TLT와 TMF에 투자한다고 하자. TLT가 10% 상승하면 TMF는 이론상 30% 상승하므로, TLT의 수익은 110만 원, TMF의 수익은 130만 원이다. 그런데 이 같은 상황에서 TLT가 10% 하락한다면 TMF는 30% 하락하게 된다. 따라서 최종수익은 TLT가 99만 원, TMF가 91만 원으로 더 큰 손실을 기록하게 되는 것이다. 따라서 미 장기국채의 금리가 하락추세이거나 장기 횡보장세일 경우 TMF의 손실은 커질 수밖에 없다.

또 다른 특징은 두 장기채권 ETF 모두 배당을 해준다는 것인데,

상승은 물론 하락 시에도 배당은 계속된다. TLT는 매월, TMF는 분기별로 배당한다. 2023년 8월 기준 최근 12개월 배당수익률은 TLT가 2.93%, TMF는 3.11%다. 운용보수는 TLT가 0.15%로 상당히 낮은 수준이고 그에 반해 TMF는 1.06%로 높은 편이지만 최근 배당수익률을 고려하면 크게 신경 쓸 수준은 아니다.

그럼, TLTW는 무엇일까? 이는 최근 새로 출시된 것으로, '커버드콜covered-call'이라는 전략을 사용하여 높은 배당을 해주는 ETF다. 배당률은 월마다 편차가 크지만 2023년 초엔 20%를 육박했다. TLTW의 투자 전략 커버드콜을 예를 들어 설명해 보자. 만약 현재 아이스크림 가격이 800원인데, 당신에게 일주일 뒤에 아이스크림을 900원에 살 수 있는 쿠폰이 있다고 하자. 그럼 일주일 뒤 아이스크림 가격이 1,200원이 되더라도 당신에겐 이를 900원에 살 수 있는 쿠폰이 있으므로 300원의 이익을 챙길 수 있게 된다.

TLTW는 높은 배당률을 자랑하지만 채권 가격이 급등하거나 급락할 경우 미래 가격이 한정되어 있으므로 상승과 하락 폭이 작아서 가격의 상승분을 온전히 반영하지 못한다는 단점이 있다. 또한 지속적으로 배당률을 20%로 유지해 준다면 채권 가격 하락기에도 손실을 만회할 수 있을 것 같지만, 커버드콜로 인한 배당금 영역에서 충당해야 하는 일정 부분이 발생하므로 배당금 또한 감소할 수 있다. 따라서 TLTW의 경우 미국 장기채권의 횡보장과 상승장에서는 유리한 고지를 차지할 수 있다. 높은 배당수익률을 얻을 수 있기 때문이다.

이처럼 투자 전략에서 채권 ETF 포트폴리오를 추가하면 주식시장 하락의 방어력이 상승하고 월이나 분기별 배당수익률도 얻을 수 있어서 보다 안정적으로 자산을 운용할 수 있다. 또한 미국의 거시경제 금리 방향성 예측으로 시세차익도 기대할 수 있다.

만약 지금까지 개별주식에만 투자해 왔다면, 일정 부분 주가 하락 방어와 고금리 시대에 발맞춰 금리하락 시점을 파악해 채권 ETF에도 관심을 가져보자. 채권의 경우 개별주식처럼 하루 만에 30%씩 상승하거나 하락하지는 않는다. 한국은행이 설명했듯, 채권 ETF는 변동성이 작다는 것이 특징이기 때문이다.

## 미국 10년물 국채금리와 투자 기회

앞서 잠시 언급했듯, 미국 10년물 국채금리는 미국은 물론 전 세계 시장의 분위기를 파악하는 데 중요한 지표로 활용된다. 전 세계 그 어떤 나라보다 망할 위험이 낮은 미국의 정부가 발행한 것으로 채권 중에서도 가장 안전한 자산으로 여겨지는 데다 그 거래량이 압도적으로 많기 때문이다. 무엇보다 미국 10년물 국채금리가 주요 지표로 활용되는 데는 3가지 이유가 있다. 첫째, 기준금리의 영향을 많이 받는 단기채권에 비해 10년물은 중장기 경제 상황이나 인플레이션 전망을 반영하기 때문이다. 둘째, 여러 나라의 연기금이나 대출상품 등과 연동되어 있어 많은 이의 관심이 집중되어서

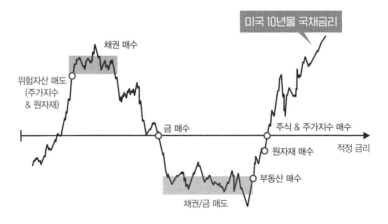

미국 10년물 국채금리 변화에 따른 자산 매수 시점

채권 매수

위험자산 매도
(주가지수
& 원자재)

미국 10년물 국채금리

금 매수

주식 & 주가지수 매수

원자재 매수

적정 금리

부동산 매수

채권/금 매도

다. 셋째, 미국 채권 중에서도 거래액이 가장 크기 때문이다. 이러한 이유로 미국 10년물 국채금리 변화를 기준으로 삼아, 다양한 자산에 투자하여 수익을 낼 수도 있다.

• •

채권 투자를 장기적인 관점에서 바라보면 어떨까? 지난 20년간 시장은 저금리 상태였고 코로나19 팬데믹으로 전 세계가 최대 규모로 화폐를 발행했다. 이로 인해 물가가 크게 치솟자 다시 미국은 2022년부터 지난 1년간 기준금리를 빠른 속도로 올렸고 현시점 고금리 상태를 유지하고 있다. 경기침체에서 벗어나고자 발행한 엄청난 화폐가 부채로 쌓인 것이다. 정부와 기업, 가계 모두 부채가 많은 상황이기에 지속적으로 고금리를 유지한다면 시장이 망가질 것이 빤하다. 그럼 어떻게 되겠는가? 물가를 잡기 위해 기준금리를 일시적으로 올릴 수는 있겠지만, 부채 때문에라도 향후엔 지속적인 저금리 구조로 갈 수밖에 없다. 어떤 특별한 화폐개혁이 시행되지 않는 이상 말이다. 향후 저금리 구조로 갈 수밖에 없다는 말은, 일시적인 금리인상 때 금리 고점에서 채권에 투자한다면 장기 투자적 관점에서 이익이라는 말이다. 게다가 배당수익까지 기대할 수 있다.

금리인상과 인하의 정확한 타이밍은 아무도 모른다. 그사이 어떤 이벤트가 발생할는지도 예상할 수 없다. 우리가 할 수 있는 건, 매번 일어나는 상황의 원인과 결과를 분석하고 향후 예측을 수정해가며 시장 상황을 주시하는 것뿐이다. 나는 2022년부터 이러한 시장 움직임을 네이버 블로그에 기록해 많은 이웃과 공유하고 있다. 시장을 읽는 것이 어렵다면, '세상의 모든 시장 이야기' 블로그 글을 읽으며 투자에 참고하길 바란다.

## 원자재

'경기민감 원자재'라는 말을 들어보았는가? 말 그대로 글로벌 경제 흐름에 민감한 원자재를 의미하는데, 대표적으로 '구리'가 있다.

경기민감 원자재 가격은 실물경기 회복의 지표로도 활용되는데, 따라서 경기민감 원자재 가격이 강세를 보인다면 세계경제 침체에 대한 우려가 완화되고 있다고 볼 수 있다. 다만, '경기개선 기대감 → 원자재 가격 상승'의 상호작용이 지속되려면 실물경제 지표의 개선세도 수반되어야 한다.

건설·인프라·그린 산업 등 다방면에 쓰이는 비철금속과 철광석은 경기에 영향을 강하게 받는 원자재다. 따라서 이러한 원자재 가격이 상승하고 있다면 이를 세계경제 개선 신호로 볼 수 있다. 이런 경기민감 원자재 가격은 실물경기 회복 추세가 나오면 우선 상승한다. 특히 구리가 대표적인 3개월 선행지수라고 하는데, 구리는 전도체로 전선, 휴대폰, 자동차 등 제조업 전반에 광범위하게 사용되며 실생활에서 가장 많이 쓰이는 금속이므로 이 같은 산업이 살아나면 구리의 거래량이 가장 먼저 상승하기 때문이다.

최근에는 2차전지에 대한 기대감이 커지면서 2차전지의 원료가 되는 리튬에 투자하려는 이들도 늘고 있다. 이들은 투자했다가 혹여 리튬 가격이 폭락하더라도 끝까지 버티기만 하면 가격이 오르리라 믿고 있다. 이러한 믿음은 학창 시절 자원은 유한하다고 배웠기 때문이 아닐까 싶다. 그런데 이 같은 생각이 당신의 투자를 망칠 수 있다는 것도 알아야 한다.

내가 초등학생일 때만 해도 석유가 향후 수십년 내 고갈될 것이라고 했다. 심지어 교과서에 그런 내용이 적혀 있었다. 하지만 실제로는 어떤가? 석유는 인류가 100년 넘게 사용해 오고 있지만 고갈될 기미가 보이지 않는다. 왜 그럴까?

인간은 실제로 세상에 어떤 자원이 얼만큼 매장되어 있는지 가늠할 수 없다. 자원의 고갈 시점은 자원의 매장량을 예측해 현재 인류가 쓰고 있는 자원의 양으로 나누어 계산하는데, 채굴 방법과 채굴 기술력에 따라 매장량이 얼마든지 달라질 수 있다. 몇 가지 예를 들어보자.

2004년 1월 천연가스 가격은 5달러 수준이었다. 그런데 20년이 지난 2023년 7월 천연가스 가격은 약 2.6달러다. 변동률이 무려 −51.2%다. 석유는 어떤가? 2004년 1월 서부텍사스산 원유 WTI 유가는 약 36달러였는데, 20년이 지난 2023년 7월 WTI 유가는 81.8달러로 20년 동안 147.5% 상승했다. 얼핏 보면, 석유 가격이 진짜 많이 오른 것 같다. 그런데 같은 기간 주식과 부동산 가격은 어떨까? 코스피는 210% 상승했고, 나스닥은 594% 상승했다. 20년 전 9억 원 정도였던 압구정 현대아파트 30평대의 매매가는 현시점 대략 36억 원으로, 400% 상승했다.

자동차 배터리의 원료로 쓰이는 니켈에 대해서도 한번 생각해 보자. 다른 자원들도 상황은 비슷하지만 특히 원자재를 생산할 때는 '손익분기점'을 따지기에 이 관점에서도 살펴볼 필요가 있다. 아프리카 남동부 섬나라인 마다가스카르에는 우리나라 기업인 포스코와 STX 등이 투자한 암바토비 광산 Ambatovy Mine이 있다. 2000년대 초 남태평양의 작은 섬 뉴칼레도니아 SNL과 인도네시아 소로코와 함께 세계 3대 니켈 광산으로 불리던 곳이다. 2023년에는 한국광해광업공단이 암바토비 광산에서 생산된 니켈 300t을 국내 2차전지 생산기업인 에코프로라는 회사에 납품하기도 했다.

그런데 이 같은 광산도 니켈의 가격이 낮아지면 수익성을 문제로 니켈 생산을 중단한다. 광산과 이를 수출하는 항구까지의 거리가 멀어서 가뜩이나 생산비용이 높은데, 가격이 낮아지면 손익이 맞지 않기 때문이다. 이는 철광석이나 석탄 등도 마찬가지다. 단순히 자원 매장량이 많다고 전부 채굴할 수 있는 게 아니란 말이다. 광산과 운송시설, 항구까지의 이동로가 잘 갖춰져야 생산비용이 내려가는데, 인프라가 열악하거나 조건이 안 좋은 경우에는 생산비용이 과도하게 올라가 수지타산이 안 맞는다. 그래서 자원이 충분히 있어도 미개발 상태로 남은 광산도 있는 것이다.

다만 원자재 가격이 상승하면 수익률이 보장되므로 생산이 재개되거나 개발될 수 있다. 특정 원자재 가격이 공급 문제로 급등하게 되면, 그동안 수익성 문제로 생산을 중단했던 광산의 생산이 재개되거나 추가 광산 개발로 원자재 가격이 다시 안정된다.

따라서 자원은 유한하다는 고정관념을 품고 장기투자를 감행한다면 천연가스의 사례처럼 오히려 가격이 하락해 큰 손실을 입을수도 있다. 자원도 주식이나 다른 자산들처럼 가격의 상승과 하락이 존재한다는 점을 잊어서는 안 된다.

경기에 민감한 원자재 가격이 오른다는 건 세계 경제 침체 우려가 점점 완화되고 있다는 의미다

기다리면 오른다? 과연 그럴까?

원자재에 투자한다고?

응, 자원은 유한하니까 사두고 기다리면 언젠가 오르겠지

'자원은 유한하다'는 선입견으로 접근하면 곤란하다
채굴 방법과 기술에 따라 매장량은 달라질 수 있기 때문이다

인프라가 열악해서 지금은 못하지만 나중엔 모르죠

저긴 매장량이 풍부한데 채굴 안 해요?

원자재 가격도 여러 이슈로 상승과 하락이 반복된다 그렇기에 무턱대고 장기투자만 고집하면 위험하다

원자재 가격

자연재해

경제성장

석유도 채굴기술이 늘어서 고갈 시점이 계속 미뤄지고 있어

리튬에 투자해 볼까?

전기차 수요를 잘 따져보고 결정해

원자재에 투자하려면 곳곳에서 일어나는 원자재 관련 이슈를 끊임없이 체크하자

## 원자재 가격의 상승과 하락 요인

원자재 가격이 상승하거나 하락하는 이유는 무엇일까? 그 요인을 3가지만 꼽아서 생각해 보자.

첫째는, 수요와 공급의 변동이다. 경제가 성장할 때, 특히 제조업이나 건설업 경기가 호황일 때는 당연히 원자재 수요가 증가한다. 반대로, 경제가 둔화되면 자연스럽게 원자재 수요도 감소한다. 또한, 새로운 기술의 도입이나 소비자의 선호 변화도 원자재 수요에 영향을 미친다. 공급 역시 주요 변수다. 원자재 생산국가의 정치적 불안, 노동 문제, 제조업체의 가격 결정 전략은 원자재 공급에 악영향을 미치는데, 공급이 줄면 가격이 오를 수밖에 없다. 또 생산기술의 발전이나 효율적인 자원개발 역시 원자재 공급량과 가격에 영향을 미친다.

둘째는, 정치와 경제 상황이다. 국제적 또는 지역적, 정치적 사건이나 불안정은 원자재의 생산, 운송 및 거래에 영향을 줄 수 있다. 예를 들어, 석유수출국기구OPEC가 석유 생산량을 조절하면 석유 가격에 큰 영향을 미친다. 또한 칠레 구리광산의 광산노동자 파업으로 전 세계 구리 가격이 상승할 수도 있다. 환율 변동도 원자재 가격에 매우 큰 영향을 미치는데, 원자재 가격이 달러로 결정되는 경우 달러 강세일 때 해당 원자재의 수입국가는 원자재 가격 상승을 경험하게 된다.

셋째는, 자연재해와 기후변화이다. 자연재해는 생산 지역의 인프라 파괴나 생산량 감소를 초래해 원자재 공급에 차질을 빚게 함으로써 원자재 가격을 상승시킬 수 있다. 또 기후변화는 농작물 같은 특정 원자재의 품질과 생산량에 영향을 미친다. 기후변화로 발생하는 홍수나 가뭄은 농산물의 생산량을 크게 감소시켜 해당 농산물의 가격 상승을 초래할 수 있다. 해수면의 온도가 낮아지는 슈퍼 라니냐로 농산물이 흉작을 맞으면, 우리 생활 물가의 상승으로 직결된다.

이처럼 원자재는 원산지 곳곳에서 일어나는 여러 이슈들로 끊임없이 가격이 오르내릴 수 있으므로 다양한 정보를 수집하고 이에 대한 분석을 기반으로 투자를 결정해야 한다.

## 부동산

부동산은 집이나 건물, 토지 등 말 그대로 움직이지 못하는 자산을 말한다. 그중에서도 아파트는 인류가 발명한 획기적인 상품으로, 규격화되어 있고, 브랜드가 있으며, 거래량이 많고, 현금화하기에도 좋아 많은 이가 선호하는 주거 형태다. 이외에도 아파트는 투자 차원에서 봐도 회전율이 좋은 데다 비교적 거래가 쉽고 거래 과정도 투명하다는 점에서 부동산 자산 중에서도 최고의 상품으로 여겨진다. 다만 정부는 국민의 거주 안정과 부동산 경기 안정이라는 두 목적에서 균형을 이뤄야 하기에 각종 부동산 정책을 내게 된다.

정책에 따라 부동산 가격이 오르락내리락하다 보니 많은 사람이 이를 예의주시할 수밖에 없다. 정부의 부동산 정책은 크게 4가지로 나뉜다.

첫째는 세금이다. 부동산 투자 시에는 각종 세금이 부과된다. 집을 살 때는 취득세, 집을 보유할 때는 보유세와 종합부동산세, 집을 팔 때는 양도세 등이다. 정부가 세금강화 정책을 펼치면, 부동산 거래가 줄어들어 부동산 경기가 진정세로 돌아서고, 세금완화 정책을 펼치면, 부동산 거래가 늘면서 부동산 경기가 좋아진다.

둘째는 대출이다. 대한민국에서 가장 사랑받는 주거 형태인 아파트는 가격이 높기에 사려면 대출이 거의 필수라고 할 수 있다. 따라서 매수자는 대출조건과 금리에 민감할 수밖에 없고 시장 역시 이에 큰 영향을 받는다. 정부가 LTV, DSR, 투기과열지구 등 대출조건을 강화하면 거래가 줄면서 부동산 경기도 진정세로 돌아서고, 대출조건을 완화하면 거래가 늘면서 부동산 경기도 좋아진다.

셋째는 개발이다. 수요와 공급 역시 부동산 가격에 큰 영향을 미친다. 정부의 부동산 개발은 공급을 늘리는 것이기에 당연히 예의주시해야 한다. 거주하기에도 좋고 도심 접근성과 생활편의 측면에서 좋은 입지에, 재개발, 재건축 혹은 신도시 개발 이슈가 있거나 지하철 개통이나 도로 건설로 교통 여건이 좋아지면 해당 지역의 부동산 가치가 상승하고 이에 따라 부동산 경기가 살아난다. 다만 수요는 일정한데 개발 이슈로 주택 공급이 지속적으로 이뤄지면 미분

**세금강화**

취득세
보유세
종부세
양도세

부동산 경기 하락

**대출완화**

LTV 완화    DSR 완화

투기과열지구
해제

부동산 경기 상승

**개발이슈**

허가, 선정    보류, 재검토

A 신도시    B 신도시

해당지역
부동산 가격
상승

해당지역
부동산 가격
하락

양 물건이 늘면서 부동산 경기도 하락으로 접어들 수 있다.

넷째는 각종 부동산 관련 법과 제도이다. 청약제도, 특별공급, 가점제, 분양가상한제, 임대차 3법, 실거래가, 전세보증보험, 주거용 오피스텔, 도시생활형생활주택 등 부동산의 각종 법규와 제도 역시 부동산 가격과 거래에 영향을 미친다.

정부가 이 같은 정책으로 시장에 개입하면 실거주자나 투자자는 속수무책으로 당할 수밖에 없는 것일까? 그렇지만은 않다. 다 '구멍'이 있게 마련이기 때문이다. 실제로 투자자들은 증여나 부동산 처분 시점 등을 고려하여 절세하는 방안을 찾고, 갭 투자나 집단 대출, 기타 대출상품의 허점을 이용해 대출 제약을 피해가기도 한다. 또 1가구 2주택 효과 등 각종 법과 제도에서 조건에 맞는 매수 기회를 얻거나, 정부의 규제로 풍선효과나 담합이 일 때 오히려 예기치 못한 기회를 포착하기도 한다. 2021년 많은 투자 전문가가 말했다.

"부동산은 향후 2025년까지 지속 상승합니다."

"지금 영혼까지 끌어모아 집을 사세요!"

"금리인상과 집값은 아무 상관이 없습니다."

하지만 2022년부터 이어진 미국의 빠른 금리인상으로 집값은 속절없이 무너졌다. 소위 전문가라 불리는 이들의 말만 믿고 영끌로 집을 구입한 사람들의 한숨과 절규가 시장에 가득했다.

이런 상황을 지켜보며 대단히 안타까웠다. 어떻게 하면 다른 사람들의 말에 휘둘리지 않고 자신만의 인사이트를 갖춰 투자할 수 있도록 사람들을 도울 수 있을까 고민이 되었다. 일단 부동산 투자를 제대로 하려면 부동산, 특히 우리나라 사람들이 투자 대상으로 가장 선호하는 아파트의 가격이 어떻게 결정되는지부터 알아야 한다. 아파트의 가격을 결정짓는 요인은 크게 5가지로 볼 수 있다.

첫째, 지역 요인이다. 쉽게 말해, 강남처럼 부자들이 모여서 사는 동네인가를 봐야 한다. 둘째, 인구밀도와 인구구조이다. 많은 사람이 모여 살수록 교통과 학군이 발달하고 생활편의가 좋아진다. 셋째, 주택의 수요와 공급이다. 이는 어떤 자산이든 마찬가지다. 넷째, 정부의 부동산 관련 정책과 세금이다. 다섯째, 경제적 요인이다. 전세계 거시경제의 흐름도 한국 부동산시장에 영향을 미친다. 아쉬운 것은 우리나라의 대다수의 부동산 투자자들이 이 다섯 번째 경제적 요인을 간과하는 경향이 있다는 것이다. 물론 이는 외부의 금리 결

부동산의 가격을 결정하는 요소는 지역, 수요와 공급, 정부 정책, 거시경제 흐름 등 다양하다.

뭐야, 왜 이렇게 올라?

뭐야, 왜 이렇게 떨어져?

앞으로 인구가 감소하므로 집값이 떨어질 거라는 주장도 있다
그러나 인간의 욕망과 자본주의 시스템이 그렇게 두지 않는다

부동산은 끝났어 인구감소로 집값은 폭락할 거야

아무리 신도시를 지어도 서울은 더 비싸지는 이유가 뭐지?

경기침체 때마다 부양책을 써서 부동산가격도 같이 회복되었으니까

집을 사기에 가장 좋은 시기는 경기침체기다! 이때는 청약 당첨도 상대적으로 쉽고 상급지로의 이동도 비교적 수월하다

지금이 역대급 청약기회입니다! (사람들이 청약을 안 해요ㅠ)

경쟁이 적으니 당첨되기 쉽겠는데?

ㅇ。

정부는 경기가 침체될 때마다 양적완화 정책을 펼쳤다 이때 투자한 사람과 투자하지 않은 사람의 자산 격차는 더욱 벌어졌다

이번에야말로 똑똑한 집 한 채 구해보자!

더 떨어질걸?

정, 다른 나라와의 무역, 환율 변화에 영향을 받아 금융과 정부의 정책, 부동산 공급 및 인프라 건설 등 모든 것이 변화를 거듭하기에 다소 복잡할 수 있다. 하지만 부동산 투자를 성공적으로 하고 싶다면, 거시적 경제 흐름을 이해하는 것이 우선되어야 한다.

## 대한민국의 부동산 구조

1장에서 언급했듯이, 우리나라에는 전 세계 어느 나라에서도 볼 수 없는 특이한 전세제도가 있다. 집주인에게 일정 보증금을 내고, 사용료도 없이 정해진 기간 거주한 뒤 나갈 때는 그 보증금을 고스란히 돌려받을 수 있는 제도이다 보니 외국인들이 보기에는 그렇게 좋은 제도도 없을 것이다. 이러한 전세제도가 조선시대부터 있었다는 설도 있긴 하지만, 그간 관행으로 존재했던 전세 거주 방식이 제도로 정착된 건 1958년 민법이 제정되면서부터다. 세입자들의 보증금을 보호해 주기 위해 법제화된 것이다. 1960년 산업화로 많은 사람이 도시로 몰려들면서 집이 부족하게 되었다. 전셋집이 부족해지자 가격이 치솟았고 거주 기간도 6개월~1년 정도였기에 여러 문제가 발생했다. 결국 1989년에 정부는 전세 계약기간 2년을 법제화하여 발표했고 이 법이 2019년까지 이어졌다. 그리고 2020년 임대차 3법이 시행되면서 오늘날의 전세제도에 이르렀다.

다만 이러한 변곡점마다 이상 증상이 포착되었으니, 바로 '부동산의 전세가격 폭등'이다. 전세 계약기간이 1년에서 2년으로 바뀔 때, 2년에서 4년으로 바뀔 때, 바로 그 찰나에 전세가격이 폭등했고 이는 부동산의 매매가격 또한 밀어올렸다.

우리나라의 부동산 가격은 왜 계속해서 상승한 것일까? 경제 성장과 화폐 가치의 하락 때문이다. 이로 인해 우리나라 부동산 가격은 그 상승폭이 컸고 이로 인해 세금 부담도 그리 크지 않았다. 또한 전세제도로 인해 집주인은 세입자에게 주거 서비스를 제공하는 대신 주택 가치의 50~80%에 달하는 대규모 전세보증금을 단번에 조달받을 수 있는데, 2년마다 뛰는 전세가격 상승으로 이론상 집의 무한증식이 가능했다. 세입자 입장에서도 전세제도는 유리한 점이 많다. 낮은 이율로 전세자금 대출을 받아 전세보증금의 상당 부분을 마련할 수 있고, 월세보다 낮은 비용으로 주거 문제를 해결하는 동시에, 주택을 소유할 때 감수해야 하는 가격 변동 위험과 감당해야 할 세금을 피할 수 있기 때문이다.

이처럼 집주인은 거액의 자금을 이자도 없이 조달받을 수 있고, 세입자는 월세보다 낮은 비용으로 주거를 해결할 수 있다는 이점으로 전세제도는 대한민국에서 오랜 기간 유지되어 왔다. 다만 이러한 이점이 계속 유지되려면, 주택의 전세가격이 단기간에 급락하지 않고 임대인이 전세계약 만료 시 새로운 임차인을 쉽게 구할 수 있어야 한다. 그렇지 않을 경우, 전세보증금 상환 위험이 상당히 크기 때문이다. 1997년 외환위기, 2008년 글로벌 금융위기, 2011년 저축은행 사태 그리고 2022년 금리인상 시기에, 역전세나 깡통전세 문제가 사회적 문제가 된 것도 바로 이 때문이다. 이를 보면 부동산 가격의 폭락이 경제 충격에서 비롯되었음을 알 수 있다.

## 인간의 욕망과 부동산

1장에서 인구절벽론자들이 주장하는 부동산 하락론이 왜 틀렸는지 설명했다. 향후 인구가 감소함에 따라 집이 남아돌게 되면서 부동산 가격이 폭락할 것이라는 주장이 왜 말도 안 되는지도. 출생인구가 감소해도 좋은 유치원에 들어가기는 더욱 힘들어졌고, 출생인구 감소로 남아돌 것이라 예측했던 소아과도 그 수가 줄면서 자녀의 진료를 받으려는 부모들이 새벽부터 소아과 앞에 줄을 서는 상황이다. 출생률이 줄고 고령인구율이 높아져 집값이 폭락할 거란 주장도 있었지만, 세계 최저 수준의 출생률과 65세 이상의 고령인구가 160만 명을 돌파한 현시점에도 집값은 오히려 올랐다. 그뿐인가? 1기, 2기 신도시도 모자라 각종 미니 신도시까지 엄청난 공급이 쏟아지고 지하철 연장 개통으로 수도권 거주자들의 서울 진입이 수월해지면서 서울의 집값이 폭락할 거란 예측에도, 서울의 부동산 가격은 아직도 공고하다. 이 모든 예측의 오류는 인간의 욕망과 자본주의 시스템을 제대로 이해하지 못한 데서 기인한다.

인구노령화로 65세 이후에는 일정한 월급이 없어서 투자가 어려워질 테니 결국 부동산 가격이 하락할 거라는 주장도 있다. 하지만 생각해 보자. 집은 월급을 모아서 살 수 있는 물건이 아니다. 조선시대에도 집값은 비쌌고 지금도 그렇다. 월급쟁이들은 영끌을 해서라도 집을 산다지만, 월급이 사라진 사람은 어떻게 집을 살까? 65세 이상의 사람들은 그때까지 열심히 일해서 모으고 투자로 불린 자산을 팔아서 다른 자산을 산다. 자산 개수를 줄여 더 가치가 높은 것을 선택하고 있는 것이다. 이것이 바로 경제논리와 인간의 본성이다. 그렇다면 집은, 어떤 시점에 사야 할까?

부동산 투자의 적기는 경기침체 시기다. 청약도 마찬가지다. 청약 당첨은 '하늘에 별 따기'로 불리지만 경기침체기에는 기존 아파트의 가격도 떨어지기에 신규 아파트의 분양가가 상대적으로 높을 수밖에 없다. 분양사들이 중도금 무이자나 다양한 무상 옵션 같은 혜택을 제공해도 청약시장은 싸늘하게 마련이다. 하지만 이러한 시점이야말로 청약 점수가 낮은 사람이 내 집을 마련할 수 있는 최고의 타이밍이 될 수 있다. 또한 지금 거주하는 곳에 비해 한 차원 높은 상급지로 이동하는 데도 더 없이 좋은 시기다.

2022년 12월에서 2023년 1월까지만 봐도, 강남의 은마 아파트나 송파의 헬리오시티, 강동의 둔촌주공 재건축 아파트는 입지와 평수에 차이가 있는데도 가격대가 거의 비슷했다. 하지만 그 이후 부동산 정책 완화와 대출금리 인하 발표가 나오자, 송파와 강남의 아파트들은 빠르게 가격을 회복하고 강동의 둔촌주공 재건축 아파트도 송파와 강남만큼은 아니어도 가격이 한층 상승했다.

## 집값이 떨어지리란 믿음

집값이 다시 떨어질 수도 있지 않나? 이렇게 생각하는 사람이 많은 듯하다. 제 14대 미국 연방준비제도이사회 의장이자 노벨경제학상을 수상한 벤 버냉키Ben Bernanke는 말했다. 미국은 경기침체 시기마다 양적완화 정책을 실시해 왔으며, 양적완화 시기에 투자를 한 사람과 하지 못한 사람들 간의 자산 양극화는 경기가 회복된 이후 훨씬 더 심화됐다고. 또 경기침체기의 양적완화 정책은 경기를 회복시키는 데 매우 유용한 수단 중 하나이며, 자산 가격을 빠르게 끌어올릴 수 있는 가장 효과적인 처방약이라고도 했다.

경기가 침체될 때 정부나 중앙은행은 결코 상황을 시장에 맡겨두고만 있지 않는다. 기준금리를 낮추고 돈을 풀어서 경기를 빠르게 회복시키고자 노력한다. 이러한 과정에서 부동산 가격이 다시 상승하는 것은 당연한 이치다. 부동산 호황기보다 침체기가 부동산 투자의 적기인 이유다.

## ETF

많은 주식 투자자가 개별주식에 집중한다. 자신의 작지만 소중한 시드를 단기간에 불려줄 수 있을 만한 재료를 찾아 그곳에 올인하는 경향이 짙다. 나도 대학 시절, 주식대회에 참가할 정도로 열성적인 주식 투자자였다. 하지만 2007년 4월, 펜텍앤큐리텔이라는 주식이 상장폐지되면서 나의 전 재산도 휴지 조각이 되고 말았다. 그때 나는 손목을 잘랐다(주식에 절대 손을 대지 않는다는 은유적 표현). 그렇게 3년간 주식시장과 거리를 두었지만 스멀스멀 투자 본능이 살아났고, 결국 2010년 게임주에 투자했다. 하지만 돈을 넣는 즉시 엄청난 하락을 맞아 손절했는데, 팔자마자 주가가 다시 치솟았다. 도대체 왜? 나는 경제학 전공자였음에도 주식 투자를 투기처럼 하고 있었다.

어느 날 문득, 이런 생각이 들었다. '내 주변에 주식으로 큰돈을 벌었다는 사람이 몇이나 되지?' 생각을 거듭해도 떠오르는 사람이 없었다. 그런데 부동산으로 돈 좀 벌었다는 사람은 주변에 수두룩 했다. 심지어 옆집 아저씨도 내게 부동산으로 몇억을 벌었다며 자랑하지 않았던가. 그것이 사실이라면, 주식보다 부동산으로 돈을 버는 게 쉽다는 말이었다.

주식 투자로 1,000만 원을 벌면 기분만 좋지만, 부동산 투자로 1,000만 원을 벌면 중고차 한 대값은 벌었구나 싶어지는 게 사실이었다. 해서 당시 나의 자산 포트폴리오를 조정해 부동산 자산에 85% 이상, 주식 자산에 나머지를 넣기로 마음먹었다.

그럼 부동산에 투자한 뒤, 남은 자산으로는 무엇을 사야 할까? 우선, 나는 3가지 원칙을 세웠다. 첫째, 절대 돈을 잃지 않는다. 둘째, 투자에 많은 시간을 들이지 않는다. 셋째, 거시경제 분석으로 검증한다. 이 3가지 원칙을 지키며 할 수 있는 투자가 있었다. 바로, ETF. 이는 'Exchange Trade Fund'의 줄임말로 인덱스펀드를 거래소에 상장시켜서 투자자들이 주식처럼 편리하게 거래할 수 있게 한 상품이다. 개별주식에 투자하려면 해당 섹터의 기업들을 하나하나 연구해서 전망 좋은 산업이나 업체, 종목을 찾아 투자해야 한다. 하지만 ETF 투자를 하면 나의 1원칙, 즉 절대 돈을 잃지 않는다는 원칙을 지킬 수 있고, 종목을 분석하는 데 들이는 시간도 아낄 수 있으니 2원칙도 지킬 수 있다.

투자에는 '달걀을 한 바구니에 담지 말라'는 명언이 있다. 그런데 우리의 작고 소중한 시드머니를 쪼개서 투자하면 개별주식을 몇 개나 살 수 있을까? 'QQQ'라는 ETF를 예로 설명해 보자. 주식 앱에서 해외주식 부분에 'QQQ'로 검색하면, 'Investco QQQ Trust'라는 게 나온다. Investco는 글로벌 투자회사의 이름이고 QQQ는 나스닥100지수를 추종한다는 상징 같은 것이다. 아마 투자자들이 쉽게 기억할 수 있도록 그렇게 만든 것 같다. 이 상품은 나스닥에 상장된 100개 기업에 분산 투자한다. 섹터도 기술주, 통신서비스, 소비재, 헬스케어 등 다양한데, 우리가 잘 아는 애플과 아마존, 마이크로소프트 같은 회사에 분산 투자하는 것이다.

QQQ의 1주당 가격은 2023년 7월 기준 383달러 정도다. 원화로 대략 50만 원이다. 만약 내가 나스닥 개별주식에 투자하려 한다면 100만 원으로 유명한 기업 2~3개 정도를 살 수 있겠지만, QQQ를 사면 나스닥에서 우량한 100개 기업에 단돈 50만 원으로 분산 투자하게 되는 것이다. 무엇보다 기업들의 주가가 하락하면 하락률도 분산되므로 개별주식을 샀을 때보다 손실이 적다는 것과 상장폐지 위험이 없다는 것이 가장 큰 장점이다. 나스닥 100개 기업 중 어느 한 회사가 망하면 QQQ를 운용하는 이들이 알아서 다른 우량한 기업으로 갈아 끼우기 때문이다.

실제로 주가가 하락할 때 QQQ의 주가 방어는 어느 정도일까? 아시다시피 2022년 1월부터 12월까지 1년간 나스닥 주가는 폭락했다. 이 기간 나스닥에 상장된 테슬라와 QQQ의 실제 하락률을 비교해 보았더니, 테슬라는 65.03% 하락, QQQ는 33.07% 하락이었다. 둘 다 엄청난 손실이긴 하지만, 개별주식보다는 달걀을 여러 바구니에 나눠서 담은 QQQ의 하락률이 절반가량 낮다는 것을 알 수 있다. 게다가 많지는 않아도 0.55%의 배당수익률을 1년에 4번 분기마다 받을 수 있다는 것도 장점이다.

ETF의 종류는 매우 다양하고 또 방대하다. 한국자산운용사에서 판매하는 ETF 중 원화로 미국 주식이나 채권, 금 등에 투자하는 것도 있고, 국내 주식형 ETF의 경우 세금 혜택도 있다. 국내 주식형 ETF 즉, 에코프로 등에 투자하는 2차전지 섹터나 삼성전자 등에 투자하는 반도체 섹터의 경우, 매매차익은 비과세이고 배당소득에 대해서만 15.4% 과세한다. 또 채권이나 금 그리고 해외 채권 투자 ETF의 경우 보유 기간 중 발생한 매매차익에 대해 15.4%, 배당소득에 대해서도 15.4%를 과세한다.

해외 ETF인 QQQ 같은 ETF는 사고팔면서 발생한 매매차익에 대해 양도소득세 22%를 과세하는데, 매매차익 250만 원까지는 공제가 된다. 즉 QQQ 투자로 230만 원의 수익을 냈다면 양도소득세를 내지 않아도 되고, 300만 원의 수익을 냈다면 250만 원에 대해선 공제, 50만 원에 대해서는 22%인 11만 원을 세금으로 내야 한다는 말이다. 또 배당소득에 대해서는 15.4%의 세금을 내야 한다.

ETF의 종류는 굉장히 다양하기에 거시경제를 보는 안목만 갖춘다면 거의 모든 자산에 투자해 수익을 낼 수 있다. 구글이나 네이버 검색창에 '원유 ETF', '채권 ETF', '금 ETF'처럼 투자하고 싶은 '자산명+ETF'만 넣어도 거의 모든 자산이 나온다. 단 어떤 ETF에 투자해야 유리할지는 거시경제 흐름을 보며 따져봐야 한다.

뉴스나 신문에서 '계속된 물가 인상으로 한국은행이 기준금리를 인상하기로 결정했다'라는 말이 나온다면, 원자재 ETF에 투자하는 것이 좋다. 물가가 오른다는 건 원자재 가격이 상승한다는 말이기 때문이다. 반대로 '물가가 잡혔고, 기준금리를 너무 많이 올린 탓에 경기가 침체됐다'라는 말이 나온다면 재빨리 장기채권 ETF를 검색해 투자하라. 경기침체기가 도래하면 한국은행이 경제를 살리기 위해 금리를 인하하고 돈을 풀 것이기 때문이다. 기준금리가 인하되면 장기채권 ETF는 상승하게 마련이다. 경기침체기를 지나 경기가 다시 회복되기 시작한다면 빅테크 ETF에 투자해 수익을 노리자.

왜 주식은
내가 사면 떨어지고
팔면 오르는 거야!

경제학자들에게도 주식 투자는 어렵다

절대 돈을 잃고 싶지 않다면 ETF야말
로 최적의 투자처다

채권  금

주식  원자재

우와,
없는 게 없네!

어떤 ETF에 투자해야 할지는 거시경제 흐름
을 보면 판단할 수 있다

기준금리를
인상하기로 했다고?
원자재 ETF 좀 볼까?

소액이라도 직접 투자해 보고 수익을 내보자!

인생은
실전이야!

이처럼 경기순환에 맞춰 ETF 투자를 실행하면 충분히 안정적인 수익을 낼 수 있다.

### ETF 투자 시뮬레이션

ETF 투자를 어떻게 하면 되는지, 감이 오지 않는 독자들을 위해 투자 시뮬레이션을 공개한다. 이미 과거가 되었지만, 2022년 흘러온 경기순환에 따라 어떻게 투자했으면 좋았을지 살펴보자.

• • •

자, 2022년 나에게 투자금 100만 원이 있었다고 하자. 일단 거시경제 상황을 둘러본 나는 이 돈을 ETF에 투자하기로 결정했다. 2022년 3월 러시아와 우크라이나 전쟁이 발발했다. 러시아와 우크라이나는 자원도 풍부하지만 밀이나 옥수수, 콩 등의 전 세계 농산물 수출 비중 또한 꽤 높은 편이다. 실제 전쟁 여파로 대두와 옥수수 수입이 불가능해지면서 우리나라 젖소들이 많이 죽었다. 당시 나는 이제 식량 가격이 상승하리라 보았다. UN에서 발표하는 'Food Price Index'를 검색해 보니 식량 가격이 최고치를 갱신 중이었다. 구글 검색창에 '옥수수 ETF'를 입력해 검색하니 'CORN'이라는 결과가 나왔다. 당시 물가도 상승하고 있었기에 곡물 가격 상승도 당연해 보였다. 나는 CORN에 투자했고 2022년 2월부터

9월까지 7개월 동안 19.59%의 수익을 냈다.

9월쯤 신문에는 미국의 물가인상 수준이 엄청 높아 빠른 속도로 금리를 인상할 것이라는 미 연준 제롬 파월 의장의 발언이 실렸다. 이처럼 금리를 빠르게 인상하면 시장이 불안해질 테니 이런 분위기라면 가장 안전한 자산으로 여겨지는 금에 대한 수요가 커질 것이라 보았다. 그래서 나는 CORN에서 금 ETF로 갈아타기로 했다. 이역시 구글 검색창에 '금 ETF'라고 입력해 'NUGT'라는 금 ETF를 알게 되었고, 여기에 투자해 2022년 9월부터 12월까지 4개월 동안 36.41%의 수익을 냈다.

이렇게 2022년 2월부터 12월까지 옥수수로 약 20%, 금으로 36%의 이익을 거뒀다. 1년 동안 100만 원을 투자해 62만 원을 벌었으니, 수익률은 162%이다.

2023년 1월에 접어들었을 무렵 우리나라 대표기업 삼성전자의 주가를 보니 5만 6,000원이었다. 이는 무려 5년 전 가격이었다. 삼성전자는 종목 분석을 할 필요도 없는 대한민국 대표기업이지 않은가? 나는 5년 전 빅세일 가격으로 삼성전자 주식을 샀다. 2023년 6월까지 삼성전자의 수익은 24.17%였다.

2023년 5~6월엔 미국의 부채한도 협상 문제로 경기침체가 올 수 있고 주식도 폭락할 가능성이 있다는 기사가 연달아 나왔다. 장기국채 수익률이 상승하고 있었다. 미국 장기국채 가격은 협상이 진행되는 중간 역사상 최저 수준으로 내려온 상태였다. 나는 어차피 협상이 순조롭게 진행되리란 낙관론으로, 5월 말 장기채권 TMF에 투자했다. 2023년 5월 26일부터 6월 1일까지 단 일주일 사이 수익률은 7.76%였다.

이처럼 코스피 ETF와 비슷한 삼성전자로 24.17%, 미국 장기국채 투자로 7.76% 수익을 낸 덕분에 2022년에 번 162만 원이 다시 216만 원이 되었다. 1년 반 만에 100만 원으로 116만 원을 벌면서 나의 최종 수익률은 216%가 되었다.

· · ·

어떤가? 이처럼 거시경제 상황을 읽는 안목이 있으면 주식이 폭락할 때 기초적인 경제지식만으로도 200%가 훌쩍 넘는 수익률을 기록할 수 있다. 개별주식을 상세히 살피고 공부하는 수고와 시간을 들일 필요도 없다. 여기서는 100만 원을 투자한 것으로 예를 들어 설명했지만, 내가 실제로 이 시기에 어떤 투자과정을 거쳐 어느 정도의 수익을 냈는지는 내 블로그에 낱낱이 공개했다.

왜 거시경제를 분석하는 법을 배워야 하는가? 경제학자가 되기 위해서가 아니라, 투자의 성공 확률을 최고로 끌어올리기 위해서다. 2가지만 기억하라.

첫째, 절대 돈을 잃지 말 것.

둘째, 소액으로라도 일단 투자할 것.

# 02

# 돈이 보이는
# 거시경제 분석법

거시경제 지표를 읽는다는 것은, 사실 꽤 어려운 일이다. 특정 지표를 고정해 놓고 매일 그것만 들여다볼 수도 없다. 전 세계 경제와 시장이 매우 복잡하게 연동되어 작동하기 때문이다. 각국의 CPI를 최우선적으로 확인해야 하지만, 이외에도 경제에 영향을 미치는 변수들이 정말 다양하다. 그렇다고 그 모든 것을 일일이 찾아 확인할 수도 없는 노릇이다.

나는 이미 블로그나 재테크 관련 톡방에서 현시점 유망한 자산이나 투자처를 종종 추천해 왔는데, 이러한 추천의 근거를 궁금해하고 나와 같은 투자 안목을 어떻게 키울 수 있는지 알고 싶어 하는 이들이 많았다. 그래서 이번 장에서는 지금까지 내가 시장 흐름을 보기 위해 활용해 온 거시경제 지표들을 소개하면서 나의 분석 루틴도 가볍게 공개하고자 한다.

## 경제 동향 파악을 위한
## 일일 루틴

나는 주로 오전에는 전 세계의 경제 관련 이슈들을 확인하고, 오후에는 한국시장의 이슈들을 찾아본다. 간밤에 전 세계에서 무슨 일이 일어났는지를 어떻게 알 수 있을까? 매일 아침 7~8시쯤이면 이에 관한 핵심만 정리한 3~4페이지 분량의 보고서가 나오니 이를 보면 알 수 있다. 바로, 국제금융센터의 '국제금융속보'이다. 매일 아침 발행되는 이 보고서에는 미국과 유럽 또는 중국에서 어떤 일이 있었는지, 금리 결정에 영향을 미치는 주요 인사가 어떤 발언을 했는지, 이에 시장의 반응은 어땠는지 등, 경제에 변수로 작용할 만한 일들이 간략히 정리되어 있다. 바쁜 아침, 굳이 여러 언론사의 신문이나 방송, SNS를 찾아보지 않아도 이 보고서만으로 전 세계의 경제 이슈를 확인할 수 있으니 더없이 고마운 자료다.

직장인이라면 매일 아침 출근길에 이 보고서를 살펴보길 권한다. 포털 사이트에서 '국제금융센터'를 검색하면 쉽게 찾을 수 있다. 약간의 경제지식만 있어도 투자에 적용할 만한 유용한 정보를 얻을 수 있다. 또 아직 경제지식이 부족해서 보고서 속 용어가 생소하고 그 내용도 100% 이해할 수 없어 관련 지식을 검색해야 하더라도, 매일 습관처럼 보다 보면 점차 시야가 열릴 것이다.

국제금융속보를 확인한 후 비교적 큰 이슈가 있다면, 나는 트위터에 접속한다. 글을 올리기 위해서가 아니라, 좀 더 심도 있게 현상을 파악하기 위해서다. 내가 팔로잉하고 있는 전 세계 트위터인들은 매번 정확한 지표를 근거로 시장의 이슈과 흐름에 관해 포스팅하고 있다. 미국의 투자 전문가들과 한국인 몇몇을 포함해 대략 70명가량되는데, 트위터에서 '@pangyobulpae'를 검색하면 내가 엄선한 이들의 목록을 볼 수 있고 이를 참고해 자신의 트위터에 팔로잉할 수 있다. 물론 이러한 정보는 대부분 영어로 적혀 있지만, 구글번역기를 활용하면 이해하는 데 크게 어렵지 않을 것이다.

저녁 6시쯤 되면, 나는 한국은행 홈페이지에 들어간다. '한국은행 > 조사연구 > 정보동향자료 > 시장동향'까지, 순서대로 클릭하면 시장동향자료에서 오늘 코스피와 코스닥이 어떤 이유로 오르고 내렸는지 한국 국채시장에서 외국인 동향은 어떤지 등이 적힌 1페이지짜리 요약문을 확인할 수 있다. 외국 자금이 한국으로 들어왔는지 나갔는지, 오늘의 주가지수는 국내와 국외 중 어떤 영향으로 움직였는지 등을 정확히 알려준다. 이것이 바로 내가 경제 동향을 파악하기 위해 매일 하고 있는 루틴이다.

## 효율적인 시장 이벤트와
## 지표 확인법

일일 루틴을 통해 매일의 금융 이슈를 간단히 파악할 수 있지만, 상황에 따라 어떤 지표를 추가로 봐야 할 때도 있다. 일단, 당신이 투자자라면 스마트폰에 '인베스팅닷컴'은 필수로 깔아두길 권한다. 이를 통해 우리나라를 포함해 전 세계에서 수시로 발표하는 경제지표와 그에 따른 결과, 과거추세를 알 수 있기 때문이다. 게다가 모든 국가의 환율 추이, 전 세계 주가지수 움직임, 금이나 코인 가격, 원유, 비철금속과 같은 원자재 가격까지 한눈에, 그것도 무료로 볼 수 있다. 뿐만이 아니라, 인베스팅닷컴에서는 개별주식 가격과 각종 ETF도 검색을 통해 거의 실시간으로 확인할 수 있다. 사실상 전 세계 모든 지표와 투자자산의 가격들을 여기서 실시간으로 볼 수 있다는 말이다.

특히 경제 캘린더에 나오는 발표일은 한국시간으로 변환하여 몇 월 몇 일 몇 시라고 알려주고, 해당 지표가 경제에 미치는 영향 등의 중요도는 황소 그림으로 표현해 준다. 참고로, 해당 경제지표 밑에 황소 그림이 3개면 매우 중요, 1개면 3개보다 중요도가 떨어진다는 의미다.

내가 인베스팅닷컴에서 미국과 일본, 중국, 한국 등 주요국의 경제지표가 발표될 때마다 확인하는 지표는 4개다. 우선은 금 가격을 확인한다. 경기가 안 좋거나 향후 침체로 갈 가능성이 클 경우 금의 가격이 상승하기 때문이다. 동시에 유가와 비철금속 가격도 같이 확인한다. 감산이슈와 같은 고질적인 문제를 제외하고 당일 발표된 지표의 시장 반응을 관찰하기에 좋은 지수이기 때문이다. 서부텍사스산원유인 WTI선물 가격은 경기가 안 좋아지리라 예측되면 하락하고 좋아지리라 예측되면 상승한다. 이 세상에서 가장 많이 쓰이는 원자재이기에 확실히 산업의 영향을 반영한다. 제조업지수가 좋으면 원유선물 가격은 상승한다. 물론 구리 가격도 상승한다.

미국의 나스닥, S&P500, 다우지수 같은 주가지수도 오늘 발표된 경제 이슈가 주식시장에 좋은 일인지 나쁜 일인지 즉각 반응해 움직이므로 확인한다. 동시에 미국 10년물 국채금리도 파악한다. 해당 지표로 물가가 내릴 것이 예상되면 채권금리는 내려가고 오를 것이 예상되면 상승할 것이다. 마지막으로 확인하는 지표는 암호화폐, 그중에서도 비트코인 가격이다. 앞에서 언급했듯, 비트코인은 최근 들어 금 가격과 비슷하게 움직이고 있지만 변동성이 심하다. 다만 금보다 반 발 앞서 빠르게 움직이기 때문에 현재 시장 분위기를 신속하게 파악하는 데 유용하다.

각종 경제지표가 발표된 후 시장 움직임을 종합적으로 판단하여 읽어 보면 좀 더 객관적으로 시장 흐름을 읽을 수 있을 것이다.

## 수시로 확인하는
## 경제보고서

각종 경제 현안에 관해 가장 전문적이고 객관적인 이야기를 듣고 싶은가? 그렇다면 한국은행 홈페이지에 들어가보자. 새마을금고 사태나 레고랜드 부도 사태의 경제 영향, 가계부채에 따른 한국의 변수 등, 이 시대 그 어떤 유명 경제유튜버나 블로거, 경제연구소보다 전문적이고 믿을 만한 분석을 내놓는다. 단연 한국 최고의 경제연구기관이라고 생각한다.

한국은행은 우리나라의 중앙은행으로서 통화정책을 결정하는 곳이다. 한국은행이 내놓는 보도자료와 조사연구에 뜨는 보고서는 수시로 체크하길 권한다. 조사연구 항목의 국외사무소에서 올라오는 보고서들도 상당히 수준 높은 정보를 제공한다. 해외 관련 이슈들을 좀 더 자세히 알고 싶으면 앞서 소개한 국제금융센터 분석 보고서나 이슈 브리핑 등에서 발표되는 보고서를 함께 읽으면 된다. 현재 시장을 정확하게 파악하는 데 큰 도움이 될 것이다. 언론이나 미디어는 높은 클릭 수를 얻기 위해 헤드라인을 자극적으로 뽑기에, 가끔 제목만 보고 낚여서 내용을 오해하게 될 때도 있다. 하지만 이들 기관은 지표 분석과 여러 레퍼런스를 첨부하여 객관적인 의견을 제공한다.

사실 다양한 자료가 있음에도 경제 분석에는 개인의 주관이 많이 개입되게 마련이다. 나는 비교적 긍정적인 편이라, 종종 유튜브에서 나와 다른 의견을 펼치는 이들의 이야기를 찾아 들으면서 '이렇게도 볼 수 있군' 하며 시각이나 관점에 균형을 맞추고자 노력하고 있다. 또 자극적인 제목의 뉴스 기사를 클릭해 그들의 주장이 어떤 점에서 틀렸는지도 생각해 보곤 한다. 이를 종합해 내린 분석이 결국 틀리게 되더라도, 내가 어떤 과정에서 무엇을 확인하지 못해 틀렸는지 복기하며 확인한다. 이를 통해 나의 분석 오류를 줄여나가는 것이다.

어떤 사람은 그렇게까지 거시경제 분석을 해야 하나 싶을 수 있다. 하지만 나는 자본주의 사회에서 생존하려면 투자는 필수이기에 투자 성공률을 높이고자 분석한다. 미국의 CPI가 높아 미 연준이 기준금리를 높이려 한다는 발표가 뜨면 가지고 있던 주식을 팔고 금과 달러에 미리 투자한다. 기준금리가 너무 높아 경기침체가 예상되면 미 장기국채에 투자한다. 또한 중앙은행이 너무 깊은 침체로 금리를 내리고 양적완화를 실시할 것 같다면 나스닥, 코스피 등을 확인해 주가지수에 투자한다. 이처럼 거시경제를 분석할 수 있는 안목만 갖춰도 향후 좋아질 산업 섹터와 개별기업들을 일일이 세밀하게 분석하지 않아도 무엇에 투자하면 되는지가 보인다. 게다가 나는 주로 지수나 ETF에 투자하기에 하락이나 상승 속도나 폭이 그리 크지 않다.

5~6개월 정도의 호흡으로 장기적으로 조금씩 여러 번 나누어

투자하기를 권한다. 당신의 시드머니가 100이라면 최소 6개월간 나누어 투자한다고 생각하면서 접근하라. 일시적인 손실이 있어도 개별주식처럼 상장폐지가 되는 일은 없기에 기다리면 반드시 수익이 난다. 단, 투자자라면 상승에 투자하길 바란다. 역사적으로 상승은 길고 하락은 짧았으니까.

## 경기상승기 인간지표 활용법

### 재린이의 등장

2021년 여름, 우리나라 코스피지수가 바닥을 찍고 올라갈 무렵 회사 엘리베이터를 탔다. 엘리베이터 안에는 평소 오가며 인사만 나누던 직원 한 명이 누군가와 통화 중이었다. 대화 내용은 대충 이랬다.

"엄마, 그러니깐 □□ 증권 앱을 일단 다운받아. 그다음 계좌를 만들고 돈을 이체해. 그런 다음 삼성전자 주식을 사면 돼."

가깝게 지내던 사이는 아니라 정확히는 몰라도 평소 주식이나 투자에 특별한 관심은 없어 보이던 직원이었다. 하지만 엘리베이터에서 목격한 그녀는 마치 누군가에게 쫓기기라도 하듯 자신의 엄마에게 삼성전자 주식을 당장 사야 한다며 종용하고 있었다.

나는 직감했다. '아, 다 왔네.'

평소 주식의 'ㅈ' 자도 모르고 일체 관심이 없던 사람이 계좌를 열고 어디에 투자해야 하냐며 여기저기 묻기 시작한다면, 반드시 주식을 매도해야 한다. 지금이 고점이란 신호이기 때문이다.

## 개나 소나 투자 고수

투자 관련 단체 톡방에 난리가 났다. 누군가가 톡방 첫인사로 다음과 같은 문자를 남긴 것이다.

> "안녕하세요. 저는 오피스텔 분양권이 20개예요."

'와아~' 하는 사람들의 탄성이 문자로 쏟아졌다. 정부의 부동산 규제를 피해 오피스텔 분양권을 사고팔아 돈을 많이 벌었다는 성공담이 쏟아져 나오자 '묻지 마 투자'가 성행했다. 심지어 세력이 들어가 분양권 가격을 일시적으로 끌어올린 다음 여기저기에 좋다고 추천했다. 자신도 그들처럼 큰돈을 벌 수 있으리란 꿈에 부푼 사람들이 제대로 알아보지도 않고 거침없이 매물을 사들였다. 상황이 이렇다 보니 톡방 아이디에 자신의 등기가 몇 개인지 붙이라는 곳도 있었다. 방장의 역할은 더욱 빛을 발했다. 어느 지역의 어떤 물건을 사야 한다느니 어느 분양권에 프리미엄이 얼마가 붙었다느니 검증할 시간도 없이 사실 확인도 안 된 정보들이 쏟아졌고, 이에 질세라 이런 곳에 투자해 돈 좀 벌었다는 간증자가 등장했다.

"저도 그곳에 투자하고 나와서 1억 벌었어요. 단 하루 만에요."

'우와~~' 사람들은 서로를 축하하며 선착순 선물을 쐈다. 매일 파티, 매일 잔치였다. 하지만 시간이 흐르면서 결국 세력들의 물건 떠넘기기에 당한 사람이 여럿 나왔다. 수익성이 매우 낮아 보이는 분양지역 물건을 유명 인플루언서를 동원해 비싼 가격에 분양한 사례도 있었다. 부동산시장이 이 정도로 과열된다면, 빠르게 정리할 수 있는 물건부터 매도해야 할 타이밍이다.

### 확정적 단어의 부상

한동안 부동산은 물론 주식, 코인 등 자산 종목을 구분할 필요도 없이 관련 유튜버 썸네일이 죄다 '○○○ 무조건 오른다'였다. 나도 블로그를 운영하면서 알게 된 것이지만, 실제 내용을 충실하게 작성하는 것보다 일단 많은 클릭 수를 유발하는 것이 더욱 중요한 게 오늘날 SNS의 현주소다.

물론 정확하고 충실한 정보를 전달하는 사람도 있지만, 때에 따라 시장의 상승 사이클에는 상승 동영상만, 하락 사이클에는 하락

동영상만 올려 조회 수를 올리려고 하는 이도 많다. 그렇게 해야 일단 채널 운영이 가능하기 때문이다. 상승장에는 자산의 가격이 계속 오를 거라는 내용을 담은 유튜브 영상이 늘어나고, 사람들은 이러한 주장의 옳고 그름을 스스로 따져보고 판단하기보다 '누가 그랬지'에 관심을 기울인다.

"△△△동 XX 아파트가 오른대요"라고 말하면 바로 이어지는 후속 질문이 "누가요?"이다. 스스로 생각하고 직접 판단하기보다 다른 사람의 말에 끌려다니는 것이다. 미디어가 발달할수록 이런 경향은 더욱 짙어진다. 하나의 팬덤을 이루며 상승장에는 상승군단이 하락장엔 하락군단이 형성되는 모양새다.

만약 당신의 유튜브 화면에 '반드시 상승' '무조건 오른다' '꼭 투자해야 할 지역' 같은 썸네일을 단 영상들이 우후죽순 늘어나기 시작했다면, 조심하라. 그때가 고점이다.

투자 경험이 없거나 투자 이력이 짧은 사람에게서 비슷한 언행을 목격하게 될 때가 많다. 누군가가 어느 지역의 부동산 가격이 엄청 올랐다, 혹은 지금도 계속 오른다, 수익률이 30%다 같은 말을 하면 바로 "거기 투자하려면 어떻게 해야 해요? 지금 사도 되나요?" 같은 질문이 따라나오는 것이다. 이런 현상을 'FOMO Fear Of Missing Out'라고 한다. 자신만 뒤처지거나 소외될지도 모른다는 두려움을 일컫는 용어다. 다른 사람들은 지금 돈을 저렇게나 많이 벌고 있는데 나만 소외된 건 아닌지, 지금이라도 빨리 뛰어들어 돈을 벌어야 한다는 조급함이 발동하는 것이다.

생전 투자라곤 해본 적도 없는 나이 많은 부모에게 증권계좌 개설을 권하고, 부동산 시세조차 확인해 본 적 없는 사람들이 오를 대로 오른 분양권을 프리미엄까지 붙여 매수하는 모습이 포착된다면 당신의 자산을 당장 매도해야 한다는 신호다.

## 경기하락기 인간지표 활용법

### 챗GPT보다 뛰어난 폭락이

투자 세계에 처음 입문했을 때, '인간지표를 이용하라'는 이야기를 종종 들었다. 처음엔 그게 무슨 말인지 몰랐다. 하지만 유명 부동산 카페에 꼭 있는 폭락론자, 시쳇말로 '폭락이'들을 만나고 그들의 주장을 듣다 보니 그들도 잘하면 투자에 활용할 수 있는 유용한 인간지표가 될 수 있겠다는 생각이 들었다.

폭락이들은 부동산은 불패한다며 영끌이라도 해서 꼭 집을 사야 한다고 주장하던 이들을, 대한제국 말기 일본에 외교권을 넘기는 데 찬성한 을사오적에 빗대어 '영끌오적'이라 부른다. 그들이 사람들의 재산을 약탈한 것이나 마찬가지라며 비난하고 조롱하는 것이다. 하지만 부동산 호황기에 그들의 말만 믿고 투자로 자산을 불릴 기회를 잃은 자들에게 그들은 어떤 존재일까? 그들에게 '폭락오적'이란 별명을 붙이는 사람은 없다. 나 역시 그러려니 하고 지나칠 뿐이다. 이들이 원색적인 비난을 듣지 않는 이유는 단순하다. 그들이 한결같이 "부동산은 폭락합니다. 절대 사지 마세요. 훨씬 싸질 겁니다"라고 말하며 투자를 말리기 때문이다. 그들의 말을 들었다가 쥐고 있던 돈까지 잃을 리는 없다. 부의 사다리를 걷어차 평생 집 한 채 없는 세입자가 될 수는 있어도 말이다. 부동산 하락장이 오면 대중들이 말할 것이다. "그래, 이들이 옳았어. 덕분에 상승 분위기에 휘말려 돈을 잃진 않았잖아!"

이런 상황만 보면, 폭락이 포지션이 영끌오적 포지션보다 비난받을 일도 적고 괜찮은 것 같다는 생각도 든다. 그런데 다시 하나의 의문이 스멀스멀 올라온다. 부동산 가격을 끌어올릴 요소들이 곳곳에 드러나고 그럴 가능성이 다분해 보이는데, 시장이 폭락할 거라며 사람들의 투자를 뜯어말리는 건 왜일까? 누굴 위한 것일까?

고장 난 시계도 하루에 두 번은 맞지 않는가. 그들처럼 경기상승기든 경기하락기든 폭락을 외치다가 어느 시점 예측이 맞으면 자신을 찾는 방송에 나가 "그쵸, 내 말이 맞죠?"하며 뻔뻔하게 얼굴을 들이밀 자신이, 나에겐 없다. 무엇보다 나는 그들이 영끌오적처럼 투자를 종용해 사람들에게 금전적 피해를 입히지 않았다고 해도, 부자가 될 수 있다는 희망을 품고 부동산 사다리를 올라타려는 사람들의 사다리를 걷어차버리는 것이 과연 옳은 일인지 모르겠다.

투자를 부추겨 사람들에게 금전적 피해를 입힌 사람은 '영끌오적'이라 비난받는다

그러나 투자를 말려서 아무것도 못하게 한 사람에겐 '폭락오적'이란 별명이 붙지 않는다

자본주의 사회에서 더욱 주의해야 할 것은 소득의 양극화가 아닌 자산의 양극화다

이들은 손에 쥔 돈을 잃지 않게 해주었을까, 자산을 불릴 기회를 놓치게 했을까?

내가 주식으로 돈을 잃고 주변 사람들을 떠올리다가 자각했던 것처럼, 우리 주변에는 부동산을 수단으로 삼아 부자가 된 사람들이 많다. 아니 이제 넘쳐날 정도다. 그런데도 폭락이들은 세계 경제 역사가 증명하는 자산의 우상향이란 큰 강물의 흐름도, 작은 이슈 하나로 바뀔 수 있다고 말한다. 거대한 물길이 갑자기 방향을 바꿔 역으로 흐를 거라고?

사실, 자본주의 사회를 살아가는 우리가 주의 깊게 살펴야 할 것은, 소득의 양극화가 아닌 자산의 양극화다. 소득보다 자산의 양극화 속도가 훨씬 빠르기 때문이다. 따라서 기존처럼 소득에 집중하면서 연봉 높은 직장, 연봉 올리는 방법, 돈 되는 사업을 찾는 데 혈안이 될 것이 아니라, 자산 불리기에 집중하면서 지금의 소득을 어떻게 투자해 높은 수익을 거둘 수 있을지 고민해야 하는 것이다. 폭락이들의 말을 들어 손에 쥔 돈을 잃지 않았다는 것에 만족할 게 아니라, 폭락이 때문에 자산을 불릴 기회를 놓친 건 아닐까 의심해 봐야 한다는 말이다.

부동산 가격이 하락하는 시즌이 되면, 그간 철저히 자신의 정체와 생각을 숨겨왔던 폭락이들이 등장해 어느 지역 어느 아파트의 가격이 얼마 떨어졌는지를 실시간으로 조사하고 작성해 업데이한 글을 올린다. 이들은 정말 챗GPT보다 뛰어나다. 가끔 나도 놓친 괜찮은 투자처들을 그들이 직접 손품 팔아 역으로 알려줄 때도 있다. 예를 들어볼까?

2023년 1월, 유명 부동산 카페에 인천 송도의 한 대단지 아파트의 가격이 폭락했다는 글이 올라왔다. 어, 그럴 리가 없는데? 입지도 좋고 뷰까지 좋아서 수요가 풍부한 곳이 아니던가? 그런데 3일 뒤 해당 아파트의 매매가격이 3억 원 올랐다. 무슨 일일까? 폭락이가 찾아 증거로 제시한 아파트 매물은, 주인이 개인 사정으로 내놓은 급매물이었던 것이다! 돈 벌 기회를 그들이 직접 손품 팔아서 정확히 알려준 것이다.

투자자들이 손품을 파는 것은, 좋은데 가격이 저렴한, 즉 저평가 우량 매물을 찾기 위해서다. 하지만 폭락이들은 자신의 주장을 강화하고 부동산 영끌러들을 조롱하기 위해 손품을 판다. 이 역시 인간의 확증편향 때문일 것이다. 그들은 많은 사람이 좋은 아파트로 인식하고 있지만 가격이 크게 떨어진 과대낙폭지역만 찾아 관련 글을 작성한다. 그런 글에 해당 아파트 가격이 이미 올랐다는 댓글을 달면, 다시 몇 분 만에 또 다른 매물 사진을 가져와 폭락 사례로 들이민다. 어쩌면 평소 관심이 있는 지역과 원하는 가격대가 있을 때 그들의 글에 계속 반박 댓글을 달면 족히 1시간이면 좋은 물건을 추천받을 수도 있을 것 같다. '□□동 아파트 가격 폭등' 같은 제목으로 글을 올리면, 그들이 자신의 소중한 시간을 사용해 주변 과대낙폭지역을 재빨리 찾아줄 것이다.

어떤가? 폭락이들과 싸울 것이 아니라, 이용하는 게 좋지 않을까? 그들이 투자자들의 손품과 발품 시간을 아껴주고 있으니 말이다.

다시 말하지만 폭락이들은 챗GPT보다 우수하다. 따라서 투자에 활용할 수 있는 인간지표로서의 역할을 톡톡히 해낼 것이다.


## 경제지표와
## 부동산


부동산 전문가들 중에는 부동산시장의 주택 수급만을 근거로 가격의 상승 혹은 하락을 예측하는 이가 있다. 그렇다면 금리나 대출제도, 거대한 돈의 흐름은 부동산 가격에 전혀 영향을 미치지 않는다는 것일까? 한번 생각해 보자.

현재 부동산시장이 좋다 혹은 나쁘다는 무엇으로 평가하는가? 후행되는 부동산 매매가격이 근거다. 가격이 계속 오르고 있으면 좋다고 볼 수 있다. 또 주택의 미분양 물량이 줄거나 공급량이 줄고 있을 때도 부동산 경기가 살아나 향후 가격이 상승할 것이라 예측해 볼 수 있다. 이를 2023년 부동산시장에 한정하여 살펴보자.

2023년 1월부터 6월까지 우리나라 부동산 가격은 상승했다. 그 요인이 무엇일까? 부동산 투자 심리를 파악하는 좋은 척도 중 하나가 주택의 미분양 물량인데, 실제로 수도권의 미분양 물량이 줄었을까? 이 기간 서울과 경기도의 미분양 물량은 오히려 증가했다. 서울은 47세대에서 1,181세대로 1,134세대 증가했고, 경기도는

885세대에서 7,225세대로 6,340세대 증가했다.

그다음으로 따져봐야 할 것은 주택 공급 물량이다. 공급 물량은 어떨까? 2022년에 비해 현저히 줄었을까? 서울은 2022년 2만 4,290세대였지만 2023년 2만 3,618세대 예정으로, 크게 줄지는 않았다. 경기도는 2022년 8만 8,598세대에서 2023년 9만 6,549세대 예정으로 오히려 증가했다.

이처럼 여러 통계를 보면 주택 미분양 물량도 많고 공급 물량도 소폭 줄거나 오히려 증가했는데, 부동산 가격이 왜 오른 것일까? 그럼 지표를 통해 돈의 흐름을 파악해 보자

한국부동산원의 종합주택 매매가격 변동률 그래프를 보면, 주택의 매매가격은 2022년 12월까지 최대 하락폭을 보였지만 서서히 낙폭을 줄여가다 2023년 7월 드디어 상승 전환되었음을 알 수 있다.

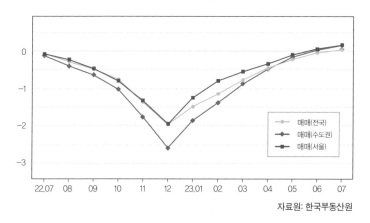

종합주택 매매가격 변동률(최근 1년)

자료원: 한국부동산원

주택 수급 요인이나 미분양 물건만 봐서는 가격이 상승할 이유가 없어 보인다. 심지어 미국의 기준금리는 지속 상승 중이었고, 한국의 기준금리 또한 내린 적 없이 상승 후 동결 상태였다. 그런데 왜지? 왜 부동산 가격이 오른 걸까?

한국은행이 매달 발표하는 금융기관의 주택담보대출 가중평균 금리부터 확인하자. 이는 한국은행 홈페이지에 들어가 '보도자료 > 금융기관 가중평균금리'에서 확인할 수 있다.

2021년 전 세계적으로 금리가 빠르게 오르면서 대출금리가 상승했고, 이에 주택 매매가격이 하락했다. 다만 2022년 12월쯤 시중은행들의 대출금리가 떨어지면서 주택 매매가격이 상승하기 시작했다. 그렇다면 대출금리 하락으로 부동산시장에 많은 돈이 들어왔

**금융기관 주택담보대출 가중평균금리(2019년 이후)**

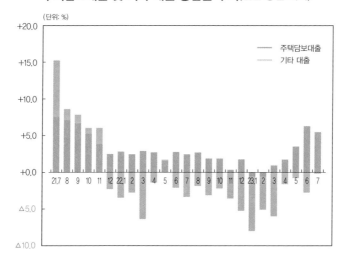

주택담보대출 및 기타 대출 증감률 추이(전년 동월 대비)

(단위: %)

- 주택담보대출
- 기타 대출

다는 이야기다. 그것이 어느 정도의 규모일까? 이는 금융위원회 홈페이지에 들어가 '알림마당 > 보도자료 > 가계대출 동향'을 보면 정량적으로 부동산시장에 돈이 얼마나 들어왔는지 알 수 있다.

주택담보대출은 2023년 1~2월에 마이너스를 보인 후 3월부터 상승했다. 2023년 7월 주택담보대출은 5.6조 원이 증가했다. 가계의 기타 대출 역시 7월부터 감소폭이 확연히 줄었다. 풀린 대출자금이 부동산시장으로 들어왔다는 것을 알 수 있다.

이처럼 현시점 부동산시장이 정말 상승인지 가짜 상승인지는 가계대출 동향을 보면 확실히 알 수 있다. 사람들이 집을 살 때 받는 주택담보대출이 증가하고 있다는 것은, 부동산시장에 돈이 들어오고 있다는 신호이며 이는 주변의 인간지표보다 믿을 만한 신호라고 할 수 있다.

그런데, 뭔가 조금 이상하지 않은가? 한국은행이 기준금리를 분명 내린 적이 없는데 한국의 대출금리가 내렸다. 사람들은 기준금리 상승을 신경 쓰지만. 사실 금리는 한국의 국채금리와 연동되어 있다. 한국의 국채금리엔 향후 예상 경기가 선반영되므로 국채금리가 인하하면 은행이 자금을 조달하는 금리에도 영향을 미쳐 하락하고 그러다 대출금리의 하락으로 이어지는 것이다. 기준금리의 인상 혹은 인하에 따라 한국의 채권금리는 경제 상황을 반영하며 반대로 갈 수 있다.

우리나라의 국채금리는 어떻게 알 수 있을까? 네이버 검색창에 '한국 국채수익률'로 찾으면 알 수 있다. 이 국채추이를 이해하면 다음 달의 대출금리도 예측할 수 있다. 은행 주택담보대출 변동금리의 지표가 되는 코픽스COFIX(자금조달비용지수)의 경우 전월 금리의 평균으로 계산한다. 따라서 채권금리의 추이를 제대로 파악하면 다음 달 나의 대출금리가 올라갈지 내려갈지도 가늠할 수 있다.

정리해 보자. 부동산 가격은 금리가 낮은 수준을 꾸준히 유지할 경우 물량의 공급이나 미분양, 전세가격 등에 의해 움직일 수 있다. 하지만 부동산 가격의 상승 혹은 하락을 제대로 파악하려면 금리의 급격한 인상 등의 금융적 이슈에 영향을 받는 돈의 흐름까지 파악해야 한다.

한국은행의 금융기관 가중평균금리와 금융위원회 가계대출동향 지표를 기억해 두자. 부동산시장의 캐시 플로를 미리 읽을 수 있다면, 부동산 매수의 최적 타이밍도 잡을 수 있을 것이다.

# 03

# 자산을 갉아먹는
# 가짜뉴스 분별하기

우리 주변에는 근 몇 년간 뜨거웠던 자산시장에 뛰어들었다가 이어진 자산 가치 하락으로 삶의 의지마저 꺾인 사람들이 많다. 반면 부동산이나 주식에 큰돈이 물린 상태에서도 각종 경제 재테크 관련 서적을 읽고 강의도 들으며 경제 공부를 제대로 해보고자 하는 사람도 있다. 과거에 비하면 굉장한 발전이 아닐 수 없다. 아마도 이제 많은 사람이 자본주의 사회에서 생존하려면 투자가 필수라는 점을 인식하게 된 까닭인 것 같다.

사실 배워보겠다는 의지만 있으면 질 좋은 지식과 정보를 얼마든지 얻을 수 있는 시대다. 경제 뉴스와 신문, 각종 미디어를 비롯해 수많은 전문가가 자신의 지식과 정보를 '공짜'로 제공하고 있지 않은가? 앞에서 내가 거시경제를 어떻게 분석하는지 공개해서 알겠지만, 각종 지표와 자료들은 보는 데 그 어떤 비용도 들지 않는다.

하지만 바로 그것이 장점이자 단점이 되기도 한다. 누구에게나 발언권이 주어지기에, 그런 정보나 뉴스의 진위를 구분하기 어렵다는 것이다. 해서 자칫 경제 인플루언서나 자칭 전문가라고 하는 이들, 또 각종 자극적인 제목의 언론과 기사의 내용을 곧이곧대로 믿고 섣불리 움직였다가는, 나의 소중한 자산을 잃을 수도 있다. 따라서 우리는 기초적인 경제지식과 지표로 무장하여 그들이 하는 말에서 가짜와 진짜를 구분할 수 있어야 한다.

이번 장에서는 2022~2023년 대중을 공포로 몰았던 경제시장의 빅이슈를 살펴보고 내가 어떻게 이들을 가짜뉴스로 판별하고 오히려 위기 속에서 기회를 발견했는지 보여주고자 한다. 부자가 되

려면 돈을 불리는 것도 중요하지만 가진 돈을 잃지 않는 것도 그에 못지 않게 중요하기 때문이다. 그럼, 하나씩 살펴보자.

## 한-미 기준금리 격차가
## 외환위기를 초래한다?

2023년 한국과 미국의 기준금리 격차가 역사상 최고 수준에 달했다. 사실 2022년 9월부터 정치권에서 우리나라의 기준금리가 너무 낮아서 환율이 상승하면 외환위기를 불러올 것이라는 이야기가 나왔다. 이에 질세라 2023년에 들어서면서 온갖 언론과 미디어, 유튜버들이 각종 유언비어를 만들어 퍼뜨렸다.

경제지표를 보지 못하고 읽지 못하는 사람들은 이 같은 언론과 정치인, 인플루언서의 선동에 홀린 듯 동조했다. 여길 가나 저길 가나 "아니, 한미 기준금리 차가 이렇게나 심한데, 외환위기가 오는 거 아니에요?" "사실 우리나라 외환보유고는 이미 바닥인데 한국은행이 국민을 속이고 있는 거라네요" 같은 이야기가 들렸다.

이를 접할 때마다 마음이 참 '거시기했다.' 거시경제를 조금만 알아도, 각종 지표를 조금만 분석할 수 있어도, 흔들리지 않았을 텐데! 그중에서도 외환보유고를 소진해서 환율상승을 겨우 막고 있다는 소리는 정말, 뚱딴지같은 이야기였다. 일평균 한국외환거래액

규모는 2022년 623.8억 달러다. 그중 현물거래가 231.3억 달러, 외환파생상품이 392.5억 달러로, 2022년 일평균 외환거래액은 2008년 통계 개편 이후 연중 최대치를 기록했다. 한국의 외환보유고는 약 4,200억 달러인데 일평균 620억 달러가량이 거래되고 있는 외환시장에 중앙은행이 직접 개입하여 환율을 방어할 수 있다고 보는 건, 정말 어리석은 생각일 뿐이다. 그런데 이런 말도 안 되는 소리를 소위 전문가라고 하는 사람들조차 쉽게 내뱉곤 했다.

그래프에서 보듯, 2023년 7월 한-미 기준금리 차 2%는 역사상

**한미 금리 격차**

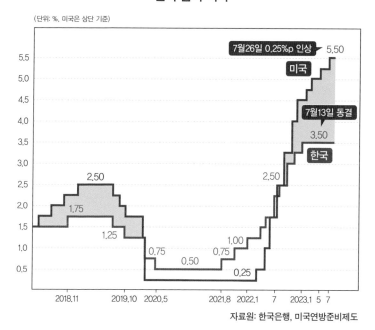

자료원: 한국은행, 미국연방준비제도

가장 큰 격차이긴 하나, 그럼에도 원/달러 환율은 1,200원대 후반에서 1,300원대 초반으로 유지되었다. 그럴 수 있었던 가장 큰 이유는 현물환율과 선물환율의 차이를 뜻하는 '스왑레이트Swap rate'였다. 외국인이 한국에 투자하려면 먼저 환헤지가 필요하다. 이 환헤지로 인해 스왑레이트도 변하게 된다. 쉽게 설명해 보자.

예를 들어, 미국에 투자하려는 한국 투자자와 한국에 투자하려는 미국 투자자가 서로 가지고 있는 원화와 달러를 바꿨다가 1년 이후에 다시 바꾸는 스왑 계약을 맺는다고 하자. 이 계약을 통해 투자자는 환율 변동에 따른 위험을 없앨 수 있다. 1년 후 정해진 환율로 자국의 통화를 다시 받을 수 있기 때문이다. 하지만 투자자의 수가 완벽하게 맞지 않고 원화를 달러로 바꿔서 미국에 투자하려는 한국 투자자가 현저히 많을 경우, 달러가 부족해지므로 달러를 구하려면 돈을 더 주어야 한다. 한국 투자자가 달러가 필요해 외국인에게 달러를 요청하면서 돈을 더 주겠다고 하는 것을, 시장에서는 스왑레이트라고 한다.

2023년 8월 원/달러 3개월 스왑레이트는 약 −2.3%였다. 2022년 3월부터 미국이 한국보다 기준금리를 빠르게 올리자 달러 수요가 늘면서 계속 마이너스였던 것이다. 이는 미국 투자자가 달러를 빌려주는 대가로 2.3%의 수익을 낸다는 뜻이다. 원/달러 스왑레이트의 마이너스 폭이 커질수록 미국인 투자자의 수익이 커진다. 따라서 미국 달러로 한국에 투자하는 사람 입장에서는 원/달러 스왑레이트가 마이너스면 오히려 이익이었다.

2023년 8월 기준금리는 미국이 5.5%, 한국은 3.5%로, 딱 2% 차이다. 만약 미국인이 달러로 한국 5년물 채권에 투자한다면 수익률이 얼마나 될까? 한국 5년물 채권수익률이 3.66%이고, 원/달러 스왑레이트가 2.3%이므로 둘을 더하면 5.96%의 수익률이다. 반대로 미국인이 미국 5년물 채권에 투자하면? 미국 5년물 채권의 수익률이 4.18%이기에 스왑레이트를 적용하면 수익률이 1.78%(5.96%-4.18%)에 불과하므로 한국에 투자하는 편이 이익이다. 이와 같은 스왑레이트 차이로 인해 2023년 들어서 외국인의 주식 및 채권 투자가 역대급으로 늘었다. 우리나라뿐 아니라 말레이시아, 이스라엘, 호주 등에도 같은 이유로 달러가 들어왔다. 이와 같은 스왑레이트 역전은 역사적으로 4번 발생했다. 1999년 6월~2001년 3월, 2005년 8월~2007년 9월, 2018년 3월~2020년 2월, 2022년 7월~지금이다. 이 시기 한-미 금리 차이는 1~2%가량 벌어졌고, 이때마다 외국인 주식자금과 채권자금이 한국으로 들어왔다.

그러니 원/달러 스왑레이트라는 개념을 알지 못하면, 단순히 미국과 한국의 금리 차가 커져서 달러가 금리가 높은 미국으로 모두 빠져 나가면서 우리나라가 당장 외환위기를 맞을 수 있다고 '분석'이 아닌, '상상'을 하게 된다.

이 밖에도 한-미 금리 차가 2%로 벌어졌음에도 환율이 비교적 안정적으로 유지될 수 있었던 또 다른 이유가 있다. 바로 대한민국의 신용등급이다. 2023년 현시점 우리나라의 신용등급은 전 세계에서 상당히 우량한 급에 해당한다. 1997년 IMF 때나 2008년 미국 금융위기 때와는 전혀 다른 분위기다.

국제신용평가업체 무디스 사의 신용등급표에 따르면, 우리나라의 국채 신용등급은 호주, 독일, 미국 다음으로 높은 Aa2를 기록하고 있다. 따라서 미국을 제외한 전 세계가 자국 화폐에 대한 스왑레이트가 마이너스 수준이더라도 한국 국채가 안전해 보이므로 달러가 몰릴 수밖에 없다.

결론을 내보자. 한-미 기준금리 역전폭 확대에도 불구하고 스왑레이트를 고려하면 시장금리 차이는 그만큼 크지 않다. 또한 오히

### 주요국 신용등급과 환헤지 후 국채금리(5년)

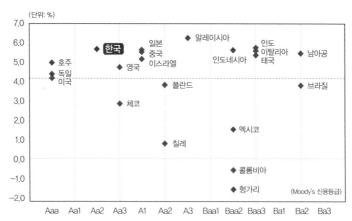

자료원: 무디스

려 외국인 입장에서 환혜지 시 초과수익을 내는 것도 가능한 데다, 한국은행의 금리인하가 예상됨에 따라 채권 가격 상승 기대수요가 있고, 우리나라의 신용등급도 높은 수준이므로 심각한 자금 유출을 우려할 필요는 없어 보인다.

이런 내용을 알려고도 하지 않고, 알려줘도 알리지 않으면서, 계속 정부나 한국은행이 외환보유고 상태를 속이고 있다는 식의 음모론을 펼치고 있는 이들의 의도는 대체 무엇일까? 어쩌면 대중을 높은 트래픽과 본인의 수익창출 도구로 사용하고 있는 건 아닐까 의심해 볼 만하다.

## 레고랜드 사태로
## 한국경제가 침체한다?

2022년 10월 레고랜드 사태가 벌어졌을 때, 많은 언론과 정치인들까지 건설사의 줄도산이 이어지고 한국 금융시장이 붕괴되어 우리나라가 IMF 때처럼 힘들어질 거라고 했다. 그런데 진짜 그렇게 되었는가? 레고랜드 사태 내용부터 간단히 살펴보자.

레고랜드 사태란 레고랜드 조성 및 개발을 담당한 강원중도개발공사가 발행한 2,050억 규모의 프로젝트파이낸싱PF 자산담보유동화기업어음ABCP이 사실상 부도처리 되면서 우리나라 금융시장에 대혼란을 초래한 것을 말한다. 사실 개발 당시 강원중도개발공사는 금리를 최대한 낮추기 위해 강원도의 지급 보증을 요청했고 강원도 역시 이를 수락했다. 하지만 선거 후에 강원도 도지사가 바뀌면서 강원도가 채무보증을 서지 않는 쪽으로 해석되면서 시장 불안감이 일파만파 퍼져나갔다. 강원도의 지급보증은 혹여 강원중도개발공사가 부도가 나도 정부 차원에서 발행된 채권에 대해서는 책임진다는 의미가 내포된다. 하지만 하루아침에 이것이 부정당하면서 사기업이 발행하는 PF대출 즉, 부동산건축 자금의 이자가 오르기 시작했고, PF-ABCP 금리가 12%까지 치솟았다. 그런데 이와중에 한국전력공사가 엄청난 적자를 이유로 채권을 발행했다. 신용등급이 높은 한전이 시중에 채권을 많이 발행하자 시장의 돈이 갑자기 한전으로 몰렸고, 신용등급이 낮은 중소기업들은 채권을 발행해도 돈을 빌리기 어렵게 되었다. 채권시장이 본래 돈을 빌려주면 반드시 갚아주리란 믿음으로 돌아가는데, 정부기관인 강원도가 이를 부정하니 그보다 낮은 신용등급의 일반 건설사들이 더는 돈을 빌릴 수 없게 된 것이다. 국고채는 물론이요 회사채, 단기어음CP까지 채권시장 전체가 급속도로 냉각되기 시작했다. 이에 각종 언론과 미디어, 정부, 대중들이 곧 건설사들의 줄도산으로 한국경제가 침체되리라 확정적으로 이야기했다.

그런데 레고랜드 PF 사태가 발발한 당시 나는 부동산시장에 엄청난 호재가 발생했다는 생각이 들었다. 그래서 관련 내용을 블로그에 올렸다. 도대체 왜?

우선 건설사들의 PF대출이 모두 막히게 되면, 주택 공급의 차질이 불가피하다. 2022년 모든 건설사의 착공이 불가능해진다면, 향후 3~4년 주택 공급량이 엄청나게 줄어들 거란 이야기이다. 높은 물가상승으로 건설자재 가격이 천정부지로 치솟은 상황에서 건설사들이 대출을 받기 힘들어지고 혹여 받더라도 12% 이상의 높은 대출금리를 내야 한다면 금융비용 역시 추가로 발생하는 것이기에 건축비가 더욱 비싸질 수밖에 없다. 그러니 향후 분양하는 부동산 가격이 어떻겠는가? 엄청나게 높아지리라 예상할 수 있다.

또한 우리나라도 이제는 미국처럼 금융 안정이 매우 중요한 나라가 되었다. 대규모 PF대출 부도로 은행이 타격을 입으면 그저 은행 하나만 망하고 마는 문제가 아니라, 시장에 화폐 공급자가 사라지는 것이나 마찬가지인 상황이다. 국민이 예금하거나 대출받을 때는 한국은행이 아닌 시중은행을 이용하고, 신용카드를 쓰기 위해서는 카드사를 이용하지 않는가. 이런 금융권 회사들이 레고랜드 PF 사태로 모두 망하면 시장에 화폐 공급자가 사라져 엄청난 침체가 유발될 수 있다. 그런데 과연 정부와 중앙은행이 이렇게 되길 바랄까? 나는 그렇지 않으리라 예상했다. 당시 한국은행장인 이창용 총재도 기준금리를 인상하면서 금융 안정을 상당히 강조했다.

아니나 다를까, 결국 금융위원회가 채권 안정 펀드를 조성하고 단기 자금경색을 풀기 위해 증권사 PF-ABCP를 매입해 주었다. 그리고 2023년 8월, 정부는 향후 주택 공급이 엄청나게 줄 것으로 예상한다며 곧 주택 부족을 해결하기 위한 정책을 내놓겠다고 발표했다. 그리고 8월 현시점 아파트 분양가는 용인의 30평대도 12억 원대가 되었다.

## 새마을금고 사태로
## 한국 금융시장은 붕괴한다?

2023년 7월, 행정안전부는 새마을금고의 연체율이 역대 최고라며 특별 관리에 들어가겠다고 밝혔다. 이에 새마을금고는 무리한 대출과 대출채권에 대한 부도로 일부 지점이 다른 지점과 통폐합되면서 어려움을 겪었다. 언론은 이제 한국의 금융시스템이 붕괴될 수 있고 뱅크런(대량예금인출)이 일어날 가능성이 있다고 보도했다. 유튜브 경제 인플루언서들도 이 같은 내용에 동의하면서 한층 자극적인 썸네일로 영상을 제작해 올렸다. 하지만 나는 그런 뉴스와 영상을 보며, 언론과 각종 미디어가 단순히 높은 조회 수를 얻고자 악의적으로 과장 보도를 하고 있다는 생각이 들어 다소 불쾌했다.

새마을금고 사태가 일어나기 전 한국은행이 6월에 발간한 '통화신용정책보고서'에 따르면, 사안이 그 정도로 심각해 보이지 않았다. 보고서에는 비은행금융기관 중심의 금융 관련 신용위험이 현실화할 가능성이 있으므로, 적기에 시장 안정화 조치를 실시하는 등 적극적으로 대응할 것이라는 내용이 적혀 있었다. 같은 기간 한국은행에서 발간한 '금융안정보고서'에도 한국 시중은행의 손실흡수능력이 양호하다는 평가 내용이 있었다. 둘을 종합하면, 시중은행의 상황은 양호한 편이고 다만 비은행권의 부실이 전이될 가능성이 있기에 문제가 생기면 적극 대응하겠다는 내용이다.

이처럼 새마을금고 사태는 어느 정도 예상된 것이었는데 실제로 수면으로 드러나자 각종 언론과 소위 전문가들이 과장되게 뒷북을 치는 모양새였다. 급기야 당장이라도 뱅크런이 일어나고 금융위기 때처럼 은행이 줄도산한다는 시나리오로 확대되었다. 물론 그렇게 될 확률이 전혀 없는 것은 아니다. 하지만 한국은행이 해당 문제를 이미 인지하고 있었고 원인 진단을 끝내고 적극적으로 대응하겠다는 의지를 밝힌 상황이었기에 나는 한국경제가 크게 흔들리지 않으리라 확신했다. 이런 사태 분석과 사견을 블로그에 올렸는데, 그래도 새마을금고에 넣은 돈을 빼야 하지 않을까 묻는 댓글이 달렸다.

하지만 어떤가? 관련 기사들이 쏟아져 나온 시점이 7월 초였으나, 새마을금고의 구조조정과 정부와 한국은행의 지원으로 인해 7월 말까지 모든 우려는 현실화되지 않았고, 한국경제와 금융시장에 미치는 여파도 크지 않았다.

2008년 금융위기 이후 미국은 물론 우리나라를 포함한 전 세계가 금융 관련 위기가 발생할 때 어떤 파급효과가 있는지를 전부 학습했다. 그래서 2022~2023년 금리를 인상하고 양적긴축을 하는 시기에도 금융 분야에 크고 작은 위기가 발생하면, 정부와 중앙은행이 적극적으로 개입했다. 부실 채권을 새로운 방식으로 매입해주거나 금융권에 대출을 해주는 식으로 어찌 됐든 위기에서 벗어날 수 있게 도왔다. 2023년 3월 미국의 실리콘밸리은행svB 파산 사태 때도 마찬가지였다. 기억하자. 이미 한 번 겪은 일은 정부와 중앙은행이 이미 학습을 통해 대비하기에 같은 일이 벌어질 가능성이 작다. 경계심은 가져야 하겠지만, 그저 자극적인 제목으로 클릭을 유도하고 공포감만 조성하는 이들의 말만 듣고 빠르게 자산을 처분해 큰 손실을 입는 일은 없길 바란다.

## 2023년 부동산 상승은 가짜 상승이다?

2022년부터 2023년까지는 금리인상 시기였지만, 투자자라면 채권금리에 주목해야 했다. 2022닌 말 한국의 채권금리가 꺾이면서 은행의 대출금리 하락이 예상되었고, 2022년 12월부터 은행채 이자도 내려갔다. 게다가 연말이 되면서 우리나라 정부는 부동산 침체를 우려해 발 빠르게 부동산 대책을 냈다. 이러한 상황을 종합해 분석하며, 나는 2023년 부동산시장이 다시 반등하리라 보았고

2023년 3월쯤부터 실제 부동산 가격이 다시 올라가기 시작했다.

그런데 이러한 흐름을 보며, 유튜브와 각종 미디어의 유명 인플루언서들은 "지금의 상승은 가짜 상승"이라고 했다. 어느 부동산 빅데이터 전문가는 "반짝 상승 후 장기하락 추세"로 이어지리라 확언했다. 또한 많은 이가 둔촌주공아파트 재건축 후 신규 분양시장에도 마이너스 프리미엄이 쏟아질 것이라고 예상했다. 도대체 이들이 지금의 부동산 가격 상승을 '가짜 상승'이라고 진단한 근거는 무엇일까 궁금했다.

대다수 부동산 인플루언서들이 지금의 상승은 2010년의 흐름과 비슷하다며, 이는 2008년 금융위기로 폭락한 부동산 가격이 잠시 상승했다가 다시 하락한 사례와 유사하다고 했다. 그들은 당시의 그래프를 들이밀었고, 그것이 현 시장 부동산 가격 그래프와 비슷한 것을 확인한 대중은 또다시 공포에 휩싸였다. 하지만 어떤가? 2023년 부동산시장의 반등은 여러 면에서 2010년과 많이 다르다. '그때와 진행 그래프가 동일하니, 이번에도 그때처럼 부동산 가격이 상승했다가 떨어질 것이다'란 식의 분석은 궤변에 불가하다. 다른 사람의 이야기에 휘둘려 일희일비하고 싶지 않다면 우리도 자신만의 지식과 인사이트로 무장해야 한다. 그럼 2010년과 2023년이 어떻게 다른지 한번 분석해 보자.

## 2010년과 2023년은 쌍둥이?

대한민국 서울의 부동산 가격은 2008년 9월부터 하락했다. 그리고 2009년 10월쯤 다시 전고점을 탈환했다가 2012년 본격적으로 하락하기 시작해 4년이라는 꽤 긴 시간 동안 장기하락장을 지났다. 그러다 다시 슬슬 오르기 시작한 부동산 가격은 2016년 전고점을 탈환했다. 2012년 당시에는 서울의 미분양 물건이 4,000세대 이상이 될 만큼 급증했지만, 이 미분양 물량이 거의 0에 가깝게 줄어들면서 2016년에 다시 부동산 가격이 상승했다.

2008년 금융위기 이후 당시 공급 물량은 이론상의 적정수요인 약 4만 7,000세대에도 못 미쳤다. 그러나 시장의 부동산 매매심리 악화로 2012년도 미분양 물량이 급증한 것으로 분석된다. 하지만 부동산의 전세가격은 매매가격의 움직임과 달랐다. 당시 급격하게 우상향하던 전세가격은 2012년에 잠시 주춤했다가 재상승했다. 당시야말로 요즘 흔히들 말하는 부동산 데드캣 바운스(반짝 상승 후 하락)였다. 금리의 급격한 인하 후 상승 분위기를 타던 부동산시장이 다시 장기 하락의 길을 걸었다. 공급 물량만 놓고 보면 왜 부동산 가격이 상승했다가 떨어졌는지 이해가 되지 않는다. 그럼 여기에 기준금리라는 변수를 얹어서 생각해 보자. 2010년 부동산가격의 상승 후 장기하락 원인을 다음처럼 요소별로 따져볼 수 있다.

첫째, 2009년 집값이 반등했으나 한국은행이 기준금리를 인상했다. 한국은행은 경기부양을 위해 2009년 2월 기준금리를 2%까지 내렸지만, 2011년 6월 3.25%까지 인상했다.

둘째, 당시 이명박 정부가 '반값아파트'를 공급했다. 금리인상과 함께 수도권 미분양 주택이 늘고 있는 상황에서 반값아파트가 공급된 것이다. 수도권의 미분양 물량은 집값 폭등기인 2006년 4,700가구까지 줄었으나 2013년에는 3만 3,000가구로 급증했다. 다만 2014년부터 미분양 물량이 줄기 시작했고 부동산 경기가 회복기로 접어들었다. 당시 수도권 미분양 물량이 급증했던 것은 이명박 정부의 보금자리주택 정책 때문이었다. 그린벨트 해제지에 주택 32만 가구를 포함해 2012년까지 수도권에 보금자리주택 60만 가구를 공급하겠다는 발표가 있었다. 이로 인해 실제로 서울 강남구와 서초구 등에 시세 절반 가격의 아파트가 공급되었다. 반값아파트 공급 폭탄에 대한 기대로, 비싼 분양가 민간 아파트의 미분양이 속출했다. 판교, 김포, 위례, 광교 등 2기 신도시 입주에도 영향이 미쳤다.

셋째, 전 세계적 장기불황 움직임과 유럽발 위기가 있었다. 리먼 쇼크에서 촉발된 집값 하락세가 2013년까지 이어져, 미국과 네덜란드, 영국 등의 선진국은 물론 중국에도 우리나라와 유사하게 부동산 가격 하락이 발생했다. 리먼 쇼크에 이어 남유럽 국가들의 재정위기로 세계 경제의 침체가 지속되었기 때문이다. 우리나라도 2012~2013년 미분양의 영향으로 웅진과 STX, 동양그룹, 벽산건설, 풍림을 비롯한 기업들이 자금난을 겪으며 법정관리를 신청하면서 제

2의 경제위기론이 나왔다. 경제가 불황에서 벗어나 짧은 기간 성장한 뒤 다시 불황이 본격화되는, 이른바 더블딥double dip 가능성이 전 세계 부동산시장을 꽁꽁 얼어붙게 만들었다.

어떤가? 단순히 미분양이 늘어난 것도, 2008년 이후 살아난 소비심리가 다시 죽은 것도 아니다. 지표만으로는 결코 알 수 없는 원인이 존재했다는 것을 알 수 있다.

그럼, 이제 돌아와서 2023년 부동산시장 이야기를 해보자. 우리는 2010년 상황을 지켜보며 부동산 데드캣 바운스에는 일정한 조건이 필요하다는 것을 알게 되었다. 그 조건이란, 첫째 금리가 내렸다가 올라야 한다. 둘째, 정부의 공공임대 공급이 장기적으로 많아야 한다. 셋째, 전 세계적 장기불황 움직임이 있어야 한다. 이 3가지가 데드캣 바운스 성립 조건이다. 그런데 지금은 과연 그런가? 현재 상황을 살펴보자.

첫째, 금리인상이 지속되어 왔고 금리가 정점에 달해 현시점 동결된 상태다. 많은 사람이 미국의 금리 결정을 매우 신경 쓰지만, 사실 더욱 중요한 건 한국은행의 결정이다. 현재 한국은행은 3월 이후 금리동결을 이어오고 있는데, 2010년처럼 금리를 다시 인상할 가능성은 희박해 보인다. 우리나라의 CPI는 2%를 유지하다 3%대로 상승했지만 유가와 농산물을 제외한 코어 CPI는 상승하지 않았다. 따라서 혹여 금리를 인상하게 되더라도 지속 인상이 아닌 1번 정도의 인상으로 그칠 것이다.

둘째, 향후 주택 공급이 매우 부족한 상황이다. 2022년부터 전 세계가 긴축정책을 펼쳐온 탓에 대출금리가 올라갔고 우리나라에는 미분양 공포도 있다. 특히 인플레이션으로 인한 건축자재 가격 인상으로 비용이 증가하는 등 여러 복합적인 문제로 건설사들이 쉽게 착공하지 못하고 있는 상황이다. 결국 이로 인해 향후 2~3년 뒤에도 주택 공급은 적을 수밖에 없다. 2012년 반값아파트 같은 공급 폭탄이 발생할 가능성 또한 작다.

셋째, 미국의 경기침체를 전망하는 이들이 점점 줄고 있다. 역사적으로 이례 없는 속도로 금리를 올렸음에도 세계 경제의 바로미터이자 세계 최대 소비국인 미국의 경기침체 가능성은 계속해서 줄어들고 있다. 낮은 실업률과 왕성한 소비 덕분이다. 우리나라 역시 2022년엔 100도 안 되던 소비심리지수가 2023년 8월에는 103을 기록하며 상승했다. 우리나라의 실업률도 7~8월 2.7~2.8%인데, 이는 1996년 6월 실업률 관련 통계 개편 이래 가장 낮은 수준이다.

이런 몇 가지 상황만 고려해도 현재 우리나라의 부동산시장이 2010년과는 사뭇 다르다는 걸 알 수 있다. 하지만 구조적으로 문제가 많다는 지적만큼은 생각해 볼 필요가 있다. 우리나라 가계부채 비율은 전 세계에서 가장 높고, 2023년 5월 이후 부동산 매물 수도 증가했다. 일부 전문가들은 이것이 장기 하락요인으로 작용할 수 있다고 말한다.

## 변화되고 있는 부동산시장 구조

가계부채가 GDP 대비 높을 경우 경제에 위험 신호이다. 왜일까? 금리인상으로 계속 고금리가 유지된다면 가계나 기업이나 대출이자 부담으로 인해 소비를 줄이게 되므로 물가 역시 하락하면서 장기 저성장에 빠질 수 있기 때문이다. 또한 소득 하위계층부터 빚을 갚지 못해 대출 부실이 차곡차곡 쌓이게 되면 은행들마저 무너져 금융위기를 초래할 수 있다. 다만, 2023년 7월 발표된 한국은행의 '장기구조적 관점에서 본 가계부채 증가의 원인과 영향 및 연착륙 방안' 보고서에 따르면, 현시점 한국의 가계부채에는 상환 능력이 양호한 고소득자들의 비중이 높으므로 가계부채가 금융 불안정으로 이어질 위험은 제한적이다.

8월에 들어서면서 한국은행은 다시 한번 '자산시장과 연계된 가계 부채누증이 차입가계의 소비와 부실에 미치는 영향평가'라는 보고서를 냈다. 보고서에 따르면, 코로나19 팬데믹을 거치면서 가계들이 주택을 구매하는 등의 이유로 부채가 늘었다고 한다. 사실 우리나라는 원리금상환액을 연소득 40%를 넘지 못하게 하는 DSR제도를 실시하고 있기에 저소득층은 돈을 빌리기가 쉽지 않은 상황이다. 게다가 2022년 당시 한국의 주택담보대출의 전체금액 중 80%가 변동금리였는데, 이는 금리인상에 취약한 구조였다. 결국 금리가 인상되자 대출이자 부담을 견디지 못한 사람들이 2022년 말 가진 부동산을 처분하면서 집값이 폭락한 것이다. 그런데 여기서 끝난 것이 아니었다. 2023년에 들어서면서 정부는 '특례보금자리론'을 내놓으며, 금리인상에 취약했던 우리나라 부동산시장이 건강한 구조로 바뀔 수 있는 정책을 펼쳤다. 특례보금자리론은 9억 원 이하 주택에 대해 낮은 고정금리로 최대 5억 원까지 대출을 받을 수 있게 한 제도이다. 이러한 이유로 기존대출을 특례보금자리론으로 변경하는 대환 비중이 올라갔고, 시중은행에도 고정금리 주택담보대출 상품들이 등장했다. 이에 2023년 신규 주택담보대출의 고정금리 비율이 80%로 상향되었다.

어떤가? 이제 대한민국 부동산시장은 금리인상에 크게 흔들리지 않는 구조로 변해가고 있다. 기존에는 30년 만기 주택담보대출이 있었지만, 이제는 50년 만기 주택담보대출 상품도 출시되었다. 사실상 DSR이 완화되는 효과나 다름없다. 이런 대출 구조의 변화로 향후 기준금리가 지속 상승하더라도 이자 부담으로 인한 주택투매 현상은 어느 정도 방어될 것이다. 이로써 우리나라 부동산시장이 침체로 접어들게 되더라도 연착륙할 가능성이 커진 것이다.

## 부동산 매물의 특성

2023년 5월 이후 부동산시장에 매매 물량이 상당히 늘어나자, 소위 전문가라는 이들이 부동산의 본격적인 하락이 시작되었다고 말했다. 하지만 정말 그럴까? 시장에 나온 부동산 매물에 각각의 특성이 있다는 것을 간과한 것은 아닐까 싶다. 일단 집주인이 자신의 물건을 시장에 내놓을 때는 2가지 이유가 있을 수 있다. 첫째, 자신의 집을 팔려고. 둘째, 현시점 나온 저가매물을 없애고 시세를 올리려고. 몇 년 사이 부동산시장이 침체하다가 최근의 가격 상승 움직임이 보이기에, 나는 집주인들이 두 번째 이유로 매물을 내놓을 가능성도 있다고 본다. 이러한 예상을 뒷받침하는 증거가 하나 더 있는데, 실제로 매매 물량은 늘어나고 있지만, '급매물' 물량이 사라져가고 있다는 것이다. 이것이 2023년 8월 현시점 부동산시장의 특징이다. 따라서 부동산시장이 현재 어떤 시점에 와 있는지 파악하고자 할 때는 매매 물량의 특성도 세밀하게 따져보아야 한다.

· ·

정리해 보자. 2023년 대한민국 부동산시장에는 특례보금자리론과 50년 만기 주택담보대출 상품의 등장으로, 사실상 DSR제도가 완화된 효과가 나타나고 있다. 이에 예전에 비해 아파트를 쉽게 매매할 수 있게 되었고, 안정적인 고정금리로 인해 금리인상에도 크게 흔들리지 않는 구조를 갖추게 되었다.

그러니 많은 이가 말하는 '데드캣 바운스'를 걱정하기보다 탄탄한 대출구조와 향후 공급 부족, 건축자재 가격 상승으로 인한 분양가 상승 등, 오히려 부동산 가격이 폭발적으로 오를 가능성을 예상해야 한다.

최근 우리나라 부동산이 향후 5년간 혹은 10년간은 지속적인 하락을 겪게 될 것이라 말하는 전문가들도 봤다. 나는 이들의 이야기는 예측이 아닌 거짓말이라고 생각한다. 물론, 2024년 어떤 생각지도 못한 변수로 인해 급속도로 경기침체에 이를 수도 있고, 반대로 각국의 중앙은행이 금리인하와 양적완화를 적극적으로 시행함으로써 부동산 가격이 상승할 수도 있다. 정말 말 그대로, 모를 일이다.

하지만 정말로 그 사람이 몇 년 뒤의 시장까지 100% 정확하게 예측할 수 있는 실력자라면, 굳이 언론이나 미디어에 나와 이야기하면서 돈을 벌 필요가 있을까? 그저 입을 닫고 아무도 몰래 저평가 자산을 매수하고 사람들이 몰리면 매도하면서 엄청난 수익을 낼 수 있을 텐데 말이다. 그런 사람들이 왜 굳이 나와서 자신의 이름을 알리고 강의를 팔고 자극적인 썸네일과 주장으로 많은 이의 클릭을 유도할까? 냉철하게 판단해 봐야 할 것이다.

다시 한번 말하지만, 우리는 언론과 각종 미디어가 내뱉는 거짓말을 분별할 줄 알아야 한다. 그러기 위해서는 경제 공부가 필수이며, 또 거시경제와 지표를 보는 안목을 갖춰야 한다.

3장

판교불패의
투자 인사이드

# 01

# 판교불패의
# 투자 연대기

2016년부터 2023년 8월 현재까지 나의 연평균 수익률은 20%이다. 이처럼 높은 수익률은 거시경제 분석이 기반이 된 투자를 통해 가능했다. 여전히 궁금해할 독자들을 위해 내가 2020년부터 지금까지 어떤 자산에, 또 어떤 방식으로 투자해 왔는지 소개한다.

## 부동산 분양권 투자와 엑시트

2020년 코로나19 바이러스로 인한 감염이 확산되면서 전 세계 경제가 얼어붙었다. 미국을 필두로 각국 정부가 금리를 낮추며 양적완화를 실시했다. 유례없는 돈 풀기로 풍부해진 유동성이 부동산 시장으로 흘러가면서 우리나라 부동산 가격도 빠르게 치솟았다. 무엇보다 전세대출 금리가 낮아지자 사람들은 월세보다 전세 거주를 선호하게 되었고, 얼마 가지 않아 전세대란이 일어났다. 풍부한 유동성과 대중의 관심이 몰리면서 부동산 종목 중 웬만해서는 잘 오르지 않는 오피스텔의 가격까지 상승했다.

부동산시장의 열기를 감지한 정부는 오름세를 잡고자 부동산 투자에 각종 규제책을 냈다. DSR제도를 도입해 소득에 따라 대출을 엄격히 제한하고, 양도세율을 높여 집을 쉽게 사고팔 수 없게 했다. 다주택자에 한해 취득세도 높였다. 아파트에 대한 강력한 규제 탓에 투자자들의 수요가 오피스텔로 쏠렸다. 당시 나는 주식보다는 오피스텔 분양권이 고수익 투자처라고 판단했다. 분양권은 주택 수에 포함되지 않는 데다, 아파트 가격이 과도하게 오른 상태이기에 비교적 저렴해서 접근이 쉬운 오피스텔로 실수요자들이 몰릴 가능성이 크다고 생각해서다. 특히 아파트와 다르게, 100세대 미만 오피스텔의 경우 분양권 상태에서 입주권을 타인에게 넘길 수 있는 '전매'가 가능하다는 점도 큰 이점이었다.

거시경제적 관점과 오피스텔 투자의 이점을 분석한 끝에, 나는 2021년 봄부터 본격적으로 오피스텔 분양권 투자에 집중했다. 주변인들에게도 적극 권장했는데, 전체 분양대금의 10%만 내고 오피스텔을 매수한 뒤 여기에 프리미엄을 붙여서 매도하면 큰 수익을 낼 수 있었기 때문이다. 아파트를 대체할 수 있는 아파텔이나 방이 2개인 투룸은 좋은 투자처였다. 예측대로 갈 곳 없는 투자 수요가 오피스텔로 쏠렸다. 나는 6억 원짜리 오피스텔의 분양권을 분양가의 10%인 6,000만 원만 내고 매수했다. 하루만 지나도 프리미엄이 적게는 1,000만 원, 많게는 억대로 붙었다. 이후로도 4억 원대, 8억 원대, 5억 원대 오피스텔 분양권 투자를 이어갔다. 이러한 투자 방식을 '분양권 초단타'라고 한다. 오피스텔 분양권을 되팔 때 양도세를 내야 했지만, 이를 감안해도 엄청난 수익이었다. 이 시기 나는 전국 오피스텔 분양권에 투자했다. 시행사들도 100세대 미만의 오피스텔은 무한 전매가 가능하다는 점을 이용해 일명 '쪼개기 분양'을 했다. 이를 테면, 140세대의 오피스텔을 분양해야 할 경우 99세대를 먼저 분양하고 뒤이어 51세대를 분양하는 식이었다.

2021년 이를 통해 거둔 수익은 그야말로 엄청났다. 투자도 꽤 공

격적으로 했다. 나는 마이너스통장에서 1억 원을 대출받아 오피스텔 분양권을 매수한 뒤 짧게는 이틀, 길어도 일주일 내에 되팔아 수익금을 회수했다. 채수당 최소 이익금이 1,500만 원가량이었다. 사실 당시에는 이 같은 방식으로 수익을 낸 투자자들이 많았기에 놀랄 일도 아니다. 나는 이러한 방식으로 7개월 가까이 투자했는데, 이렇게 과감하게 투자할 수 있었던 건 여러 경제지표상 당시가 부동산 대호황기라고 판단했기 때문이었다.

## 반전의 조짐, 물가상승

하지만 2021년 8월, 한국은행이 기준금리를 0.25% 인상했다. 이때부터 나는 주변 사람들과 부동산 관련 채팅방에 경고했다. "지금부터는 살얼음판 위를 걷는 것처럼 투자에 유의해야 합니다. 매수한 분양권은 빠르게 정리하세요." 이렇게 말한 데는 근거가 있었다. 그 시점 미국의 CPI는 5.4%였고, 한국도 3%대였다. 여러 증권사들은 2020년 미국 연방준비은행이 평균물가목표제를 도입하면서 물가 목표인 2%가 넘더라도 평균을 계산하기에 괜찮다며 낙관론을 펼쳤지만, 내 생각은 조금 달랐다.

미국 통화공급량 M1에서 확인할 수 있듯 미국은 2020년 역사상 가장 많은 돈을 풀었고, 이로 인해 자산시장이 초호황을 누리고 있는 상황에서 물가마저 높았다. 아무리 평균물가제도를 도입했다고 해도 중앙은행이 목표로 하는 2%를 넘어 물가가 5%도 넘었으므로, 미국이 조만간 금리인상을 하리라 본 것이다.

앞서 설명한 경기순환이론에 따라 금리를 올리기 시작하면 시장에 풀렸던 돈들이 전부 빨려 들어갈 것이 빤했다. 그럼에도 우리나라 유명 경제, 투자 분야 유튜버들과 언론의 전문가들은 집값은 계속 오를 수밖에 없으니 지금이라도 사라고 했다. 오피스텔 분양권 투자는 빛을 잃어가는 게 빤히 보이는데도, 거시경제에는 관심조차 없는 전문가들의 목소리만 커졌다.

급기야 한국은행이 금리인상을 단행한 상황에서도, 부동산 오픈톡방에서 소위 '네임드'로 알려진 투자자들이 투자를 종용했다. 그렇다, 근 몇년간 그들이 추천한 종목에 투자한 대중들이 수익을 낸 것은 사실이다. 하지만 생각해 보라. 전 세계가 돈을 풀던 그야말로 '호황장'에서는 부동산은 물론 주식이나 그 어떤 자산에 투자해도 돈을 번다. 그렇지 않은가? 하지만 부동산 호황기에서 이름을 알리며 신처럼 추앙받던 그들에 비해, 그저 거시경제 설명을 즐겨하던 '듣보잡' 전문가인 나는 크게 주목받지 못했다. 하지만 몇 달 후, 드디어 '판교불패'라는 아이디가 톡방에서 언급되기 시작했다.

# 금 사세요,
# 달러 사세요

2021년 10월부터 나는 금과 달러 투자를 추천하기 시작했다. 이유는 간단했다. 미국의 소비자물가지수, 즉 CPI가 지속 상승 중이었기 때문이었다. 반복해서 말하지만, 미국을 비롯한 한국의 CPI 목표는 2%다. 2%가 넘으면 각국의 중앙은행이 기준금리를 올려 시중에 푼 돈을 빨아들이고, 2% 이하일 때는 기준금리를 낮춰 시중에 돈을 푸는 양적완화 정책을 시행함으로써 물가인상 수준을 2%로 맞추고자 한다. 따라서 투자로 돈을 벌고자 한다면 CPI만큼은 반드시 확인해야 한다. 이처럼 CPI는 굉장히 중요한 지표이기에 한번 짚고 넘어가보자.

미국은 물가 측정을 위해 CPI와 PCE Personal Consumption Expenditures (개인소비지출 물가지수)를 매달 발표한다. CPI는 고정된 몇 개의 항목들을 뽑아 측정하는데, 이는 다시 헤드라인 CPI와 코어 CPI로 나뉜다. 식료품, 에너지(석유), 의료, 교통, 통신, 의류, 문화 등을 포함한 헤드라인 CPI에서 식료품과 에너지(석유)를 뺀 것이 코어 CPI다. PCE는 소비자들이 실제로 구매한 상품과 서비스의 가격 변화를 반영한다. PCE도 CPI와 마찬가지로, 에너지와 식료품을 제외한 나머지 물가를 뜻하는 코어 PCE가 있다. 그런데 물가를 측정하는 두 지표 CPI와 PCE의 차이는 무엇일까? CPI에 포함되지 않는 일부

상품 및 서비스가 PCE에는 포함된다는 것이다. 예를 들어, 미국에서 의료서비스의 실제 비용은 CPI에는 반영되지 않지만 PCE에는 포함된다. 미 연준은 PCE를 인플레이션 지표로 선호하지만, 이외 많은 국가와 기관들은 여전히 CPI를 사용한다.

이 밖에도 물가와 관련해 많은 사람이 착각하는 것이 있다. 5%였던 물가인상률이 2%라고 하면, 사람들은 실제로 물가가 낮아졌다고 생각하는 것 같다. 하지만 이렇게 이해하면 곤란하다. 쉽게 말해 짜장면 한 그릇 가격이 5,000원인데 물가인상률이 5%라면 5,250원이 된 것인데 물가인상률이 2%가 되었다고 하면 기존 가격이 떨어진 것이 아니라 가격이 올라가는 상승률이 낮아진 것으로, 짜장면 한 그릇 가격이 5,355원이 되었다는 말이다.

다시 돌아가서, 이렇게나 중요한 CPI와 PCE를 알려면 어떻게 해야 할까? 미국의 CPI와 PCE는 클리브랜드 연방준비은행에서 운영하는 '인플레이션 나우캐스팅Inflation Nowcasting'을 참조하면 된다. 이 사이트는 2개월 뒤 물가를 예측하고 있어서 수치의 정확성은 다소 떨어지지만 상승과 하락 추세를 파악하는 데는 도움이 된다. 이 밖에도 '트루플레이션Truflation'이라는 사이트도 있다. 이 사이트는 정부가 발표하는 CPI가 아닌, 독립적으로 파악한 실시간 소비자물가지수를 공개한다. 두 사이트 모두 간단히 구글에서 단어로 검색하면 쉽게 찾을 수 있다.

나는 이 두 사이트를 미리 체크한 후, 미국이나 한국의 금리가

2%보다는 높기에 금리가 올라갈 것으로 예상했다. 기준금리가 오르면 은행 예금금리도 올라갈 테니 주식이나 부동산처럼 가격 변동성이 큰 자산보다는 원금보장이 확실하고 비교적 안정적으로 이자를 받을 수 있는 예금에 돈이 몰릴 수밖에 없다. 또한 대출금리도 함께 오를 테니 돈을 빌려 투자한 이들이 높은 대출이자를 감당하기 부담스럽거나 일부 원금을 갚기 위해서라도 부동산이나 주식 자산을 매도할 가능성이 크다고 봤다. 이러한 흐름에서 주식과 부동산 가격은 하락하고, 안전자산의 가격은 상승할 텐데 안전자산의 대표적인 것이, 전 세계 기축통화인 달러와 세상에서 가장 안전하다는 금이었다.

나는 이러한 근거를 들어 금과 달러 투자를 권장했다. 실제로 내가 이런 주장을 펼쳤던 2021년 말, 원/달러 환율은 1,117~1,119원 정도였지만, 2022년 9월에는 1,400원을 돌파했다. 내 이야기를 듣고 달러에 투자한 이들은 약 25%의 수익을 냈고, 내게 고마움을 전하는 인사가 단체 톡방에 올라왔다. 나 역시 금에 투자하고자 2021년 3월쯤 다소 수수료가 높은 금 통장에 돈을 넣었다가 2022년 4월에 팔았는데, 수익률이 17.5%였다. 당시 주식시장은 그 끝을 알 수 없을 정도로 내리 치닫는 하락장이었는데, 오히려 돈을 번 것이다. 이런 결과를 보며 사람들은 점점 나의 거시경제 분석과 투자 방식에 관심을 보이기 시작했다.

## 달러 및 금 투자법

달러에 투자하려면 어떻게 해야 할까? 사실 방법은 많다. 가장 쉬운 것은 은행에 가서 달러 통장을 만든 후에 그곳에 우리나라 돈을 환전한 달러로 예금하는 것이다. 두 번째는 ETF로 달러를 사는 것이다. 막막하다면 구글 검색창에 '달러 ETF'라고 쳐보자. 다양한 상품이 나올 것이다. 대표적으로 KODEX 달러선물, TIGER 미국 달러선물레버리지 등이 있다. '레버리지'란 100원이 오르면 그 2배인 200원의 수익을 내는 상품인데, 반대로 100원이 내리면 200원의 손실을 입을 수 있으니 투자 시 주의가 필요하다.

금에 투자하는 방법도 여러 가지다. 가장 쉬운 것은 종로 귀금속 거리에 가서 골드바를 사는 것이다. 또 은행에서 금 통장을 만들 수도 있는데, 여기에 돈을 넣으면 그날의 시세만큼 금으로 환산해 금의 무게로 적립해 준다. 거래는 0.01g 단위로 가능하다. 그리고 미국은 물론 한국에도 금 ETF가 있기에 이를 통해서도 금에 투자할 수 있다. 다만 금 ETF 투자 시 세금과 수수료 등이 붙는데 이에 대한 자세한 사항은 검색을 통해 꼭 확인하자.

금에 투자 하면서 각종 부대비용, 특히 세금에서 자유롭고 싶다면 KRX 금현물이 있다. 이는 주식처럼 사고팔 수 있다는 것이 가장 큰 특징인데, 사용 중인 주식 HTS가 있다면, 'KRX금'으로 검색해 쉽게 찾을 수 있다. 양도소득세와 배당소득세, 이자소득세 등이 없고 금융소득종합과세 비대상인 데다 부가가치세도 면제라는 것이 큰 장점이다. 단 인출 시 10%의 부가가치세를 납부해야 한다는 것은 기억하자. 달러든 금이든 다양한 투자 방식이 있으므로 자신에게 가장 유리한 조건을 찾아서 투자하면 된다.


## 삼성전자와 블랙프라이데이

자본주의 사회를 살아가면서 거시경제를 읽는 능력을 갖춘다면 대단한 무기가 될 수 있다. 다만 이에 더해 '산업의 흐름을 읽는 안목' 또한 필요하다고 생각한다. 원자재 트레이더로 일해온 덕분에 나는 이를 습관처럼 하면서 자연스럽게 갖추게 되었다. 지금은 거시경제 분석을 기반으로 ETF 투자를 하고 있지만, 우리나라 핵심 산업군의 대표주식들은 항상 꼼꼼히 분석해 둔다. 대한민국 핵심 산업군이라 하면, 자동차, 반도체, IT 산업인데, 해당 산업군에 대한 이해는 현시점 거시경제를 분석할 때도 대단히 유용하다.

우리나라의 2022년 주요 수출품 1위는 반도체로 1,292억 2,900만 달러를 수출했는데, 이는 우리나라 2022년 한 해 전체 수출량의 19%를 차지했다. 자동차는 매년 주요 수출품 2~3위 수준을 유지하는데, 2022년 628억 7,500만 달러로 전체 수출량의 8%를 차지했다. 반도체와 자동차만 합쳐도 27%이니, 한국의 먹거리는 반도체와 자동차에 달렸다고 해도 과언이 아니다.

삼성전자 주식은 우리나라의 '국민주식'이라 불린다. 한때 9만 원을 호가하다 미 연준 제롬 파월 의장의 급격한 금리인상으로 주가가 급락했고 이에 반도체 산업까지 암울했다. 하지만 나는 삼성전자 주식을 두 차례나 추천했다. 첫 번째는 2022년 9월 삼성전자 주가가 5만 6,000원이었을 때였고, 두 번째는 2023년 1월 삼성전자 주가가 6만 1,000원이었을 때다. 두 번 모두 블로그에 포스팅하며 추천 이유와 각국의 정책 분석을 '박제'해 두었으니 말을 바꿀 수도 없다. 2023년 중순 무렵, 반도체 업황 개선 소식이 돌면서 삼성전자 주식은 2023년 7월 7만 3,000원으로 상승했다. 2022년 9월 대비 30.36%, 2023년 1월 대비 19.67% 상승이었다. 2023년 1월에는 나의 블로그 인기가 꽤 높았기에 해당 글만 보고 투자해 20% 정도의 수익을 냈다는 사람이 많았다. 나 역시 이때 삼성전자에 투자해 20%가 넘는 수익을 거뒀다.

왜, 삼성전자를 추천했을까? 2022년 8월 초, 나는 9월쯤 미국과 한국 주식시장이 다시 한번 하락을 맞으리라 보았다. 미 연준이 물가와의 전쟁을 선포하면서 금리인상을 발표했지만, 시장의 분위기는 생각보다 미적지근했다. 시장은 미국 중앙은행의 정책을 조롱하면서 빠른 시일 내에 다시 금리를 인하하리라 전망했다. 무엇보다 주가도 다시 상승했다. 물가가 매우 높은 상황인데도 장밋빛 전망이 이어지면서 주식시장은 여름철 써머랠리를 펼쳤다. 대부분의 경우, 미 연준은 그들이 물가와의 전쟁을 선포하는 상황에서도 은행들이 마음대로 움직이는 경우 행동으로 보여주곤 한다. "Don't fight the Fed." 즉 연준과 맞서지 말라는 의미다.

2022년 7월 미국의 CPI는 9.1%로 미국 중앙은행이 목표로 하는 2%와 격차가 매우 컸다. 그럼에도 물가는 계속 상승 중이었다. 나는 미 연준이 곧 행동에 나설 것이라는 판단으로, 블로그에 9월쯤 주식시장이 폭락할 것이라는 내용으로 포스팅했다. 나의 불길한 예감(?)은 적중했다. 9월이 되면서 끝도 없이 상승할 것 같았던 주가가 떨어지기 시작했다.

미국의 CPI도 정점을 찍은 후 서서히 꺾이고 있었는데 당시 미국의 GDP는 2분기 연속 마이너스 상태였고, 미 연준의 기준금리 결정 이후 7월 제조업지수가 낮았다. 보통 미국의 구매관리자지수 PMI가 50 이하이면 '침체'로 판단하는데, 당시 PMI는 52로 2년 만에 최저수준이었다. 결정적으로 2022년 8월 말, 잭슨홀 미팅에서 제롬 파월 의장은 '인플레와의 전쟁'을 선포하며 강력한 금리인상 의지를 드러냈다. 사실 잭슨홀 미팅은 그리 중요하지 않은 이벤트 중 하나다. 그저 미 연준이 주최하는 경제 콘퍼런스 같은 행사라고나 할까. 여기서는 전 세계 중앙은행 총재나 재무부 장관, 경제학자들이 모여 미래 경제의 여러 가지 이슈를 토론한다. 하지만 그날 파월 의장이 연설에서 보인 태도나 표정은 매우 결연해 보였다. 예전과는 달리 약간의 농담이나 제스처조차 섞지 않았다. 그는 말했다.

"물가 안정을 회복하지 않으면 경제에 더 큰 고통이 있을 것입니다. 물가를 잡기 위해 우리 경제는 약간의 고통을 겪게 될 것입니다. 연준의 강력한 조치가 있을 것이며, 그것이 중앙은행의 책무입니다."

파월 의장의 발언 직후 기준금리를 예측하는 FED WATCH의 9월 미 연준 금리인상률은 0.5%에서 0.75%가 되었다. 이에 전 세계 자산시장이 공포에 휩싸였고 주가가 폭락했다. 이런 여파가 우리나라 주식에도 영향을 미쳤을까? 당연하다. 삼성전자 주가가 무려 5년 전 가격으로 떨어진 것이다! 내가 삼성전자 주식을 추천하자 많은 사람이 조롱했다. "차트도 안 보나?" "지금 반도체시장이 얼마나 안 좋은지 모르나 봐" 등 비난 일색이었다. 하지만 이에 대한 내 대답은 간결했다. "그래서 삼성전자가 망해요?"

이 물음에 그럴 거라고 대답하는 이는 없었다. 삼성전자, 현대자동차, 네이버 같은 기업의 주식은 주가가 폭락하면 싸게 살 수 있는 기회로 여기는 것이 옳다. 주식시장에서 이들 기업에 악재가 많다고 호도하고 미래가 어둡다는 전망을 내놓으면서 가격이 계속 떨어진다면, 사야 한다. 대한민국을 대표하는 대형주는 '쌀 때 산다'라는 생각을 가지고 있으면 투자가 한결 편해질 것이다.

같은 기간, 미국의 나스닥지수와 S&P500지수도 최저치로 내려갔다. 삼성전자와 마찬가지로, 이때 역시 ETF 투자에 좋은 시점이었다. 경제순환이론 측면에서 보면, 아직도 물가가 높고 중앙은행이 지속적으로 금리인상 의지를 밝히는 가운데 주식을 사는 것이 과연 맞는가 싶을 것이다. 세상일이 공식대로 흘러간다면 모두가 수백 억 자산가가 되었을 테지만, 인간 세상이라는 데가 본래 변수가 항상 존재하는 곳이 아닌가.

이 책을 집필하고 있는 2023년 8월 현시점도 그렇지만, 2022년 8월 당시에도 여러 지표가 좋았다. 원래 물가를 잡고자 금리를 인상하면, 고금리 대출이자 부담으로 기업이나 가계가 힘들어진다. 이자 부담 때문에 가계는 소비를 줄이고, 대출이자로 가뜩이나 힘든 기업들이 매출까지 줄면서 더욱 힘들어져 사업 규모를 축소하고 직원을 해고하는 수순을 밟는 게 정상이다. 그런데 시장은 정상대로 흘러가지 않았다.

뒤에서 자세히 설명하겠지만, 2022년 7월 미국의 소비심리를 나타내는 '미국콘퍼런스보드 소비자 신뢰지수'는 95.7이었다. 보통 100 이하면 나쁘다고 보는데, 8월부터 오히려 개선되기 시작했다. 여전히 소비 심리가 살아 있었고, 실업률 또한 3.5%로, 완전고용에 가까운 수치를 기록 중이었다. 이는 가파른 금리인상에도 불구하고, 전 세계 1등 소비국가인 미국 경제가 튼튼하다는 의미였으며, 이에 주가도 탄탄한 흐름을 탈 가능성이 크다는 증거였다. 미국의 소비가 좋다면 전 세계 9위의 수출 대국인 우리나라의 주식도 충분히 좋은 흐름으로 개선될 것이었다.

이러한 거시경제 흐름을 예상하며 나는 삼성전자 주식을 권했고, 투자를 실행한 이들 모두 만족할 만한 수익을 거뒀다. 이처럼 투자자라면 소비자물가지수 CPI를 기본 지표로 삼으면서 중앙은행의 기준금리 정책을 살펴야 한다. 다만 기준금리 변화로 인한 실업률과 소비 변화, 금융 위험성도 함께 체크하길 바란다. 이 모든 지표를 종합적으로 분석할 때 당신의 투자 성공률은 한층 높아질 것이다.

## 미래의 확실한 수익처, 미국 채권

2023년 8월에 발표한 7월 미국 CPI는 3.3%다. 2022년부터 금리를 올리기 시작한 미국은 슬슬 금리인상 중단 시점을 조율하고 있다. 한국은행도 평균물가 2%를 목표로 물가 안정 정책을 펼치지만, 미국은 이외에도 1가지 목표를 더 추구한다. 바로 '최대 고용'이다. 2023년 8월의 상황을 보면 미국의 CPI는 목표보다는 높은 3.3%이지만, 실업률은 3.5%로 완전고용 상태임을 알 수 있다. 물가가 아직 높긴 해도 고용 목표는 달성했다는 의미다.

2022년 9%대에 육박하던 미국의 CPI는 미 연준의 초단기 금리인상 단행으로 빠르게 내려왔지만 3% 수준에서 좀처럼 떨어지지 않고 있다. 기준금리만 놓고 보면 2022년 1월 0.25%였던 것이

2023년 7월 5.5%까지 올랐으니, 1년 7개월 만에 무려 5.25%p나 오른 것이다.

기준금리를 인상할 때 대다수의 국가는 공통적으로 올리는 간격을 정해두고 있다. 그리고 그 상승폭에는 각각의 이름이 붙는다. 0.25% 인상일 때는 베이비 스텝, 0.5% 인상일 때는 빅 스텝, 0.75% 인상일 때는 자이언트 스텝이다. 사실 '%'보다는 BP Basis Points, 즉 베이시스 포인트라는 말을 많이 쓰는데, 이는 금융 분야에서 이자율이나 주가지수를 표현할 때 흔히 쓰는 용어이니 알아두자. 참고로, 1BP는 0.01%, 10BP는 0.1% 100BP는 1%이다. 만약 경제 관련 뉴스에서 "미 연준이 이자율을 25베이시스 포인트 인상하였습니다" 혹은 "미 연준이 베이비 스텝을 감행했습니다"라고 하면 '아, 0.25% 인상했구나'라고 찰떡같이 알아들어야 한다.

다시 돌아가서, 2022년부터 이어진 미 연준의 금리인상 수순을 살펴보자. 미 연준의 행보는 마치 자동차를 운전하는 것 같았다. 초반에는 베이비 스텝(0.25% 인상)을 밟다가 빅 스텝(0.5% 인상)으로 전환했고, 2022년 6월부터 11월까지 4번의 금리인상을 결정했는데, 모두 자이언트 스텝(0.75% 인상)이었다. 그리고 다시 2023년 12월 빅 스텝 이후 2023년 1월부터 7월까지 5번의 금리 결정에서 4번의 베이비 스텝과 1번의 동결이 있었다. 금리인상 초반에 속도를 서서히 높여가다가 최고 시속에 이른 후에는 최근 들어 속도를 줄이고 있는 모습이다.

미 연준 제롬 파월 의장은 물가가 아직 높으니 기준금리를 통해 물가가 잡힐 때까지 싸우겠다고 시장에 엄포를 놓았다. 하지만 2023년 하반기부터는 자이언트 스텝이나 빅 스텝 같은 높은 수준의 금리인상은 하지 않고 있다. 미 연준의 기준금리를 결정하는 위원들도 2022년부터 2023년 5월까지는 하나같이 금리인상이 필요하다 했지만, 2023년 8월 이후부터는 미국의 금리인상은 더는 필요하지 않다고 말하는 의원들이 하나둘 늘고 있는 상황이다.

## 주춤하는 금리인상 속 기회

자, 이러한 상황에서 우리는 어떤 기회를 잡을 수 있을까? 나는 미국 채권을 이야기하고 싶다. 만약 현시점이 미국의 기준금리 최상단이고, 앞으로 금리를 더는 올리지 않고 내린다면, 채권이자도 같이 낮아질 테니 미국 채권 투자에 가장 좋은 시점이 된다. 그 근거가 어디에 있느냐고?

지금부터 살펴보자. 투자는 타이밍이므로, 남들보다 빠르게 투자 시점을 포착할 수 있도록 여러 지표를 소개하고자 한다. 앞서 말했듯, 투자자라면 '인베스팅닷컴'을 반드시 살펴보아야 한다.

사이트의 경제 캘린더를 보면, 전 세계 국가들의 거시경제 주요 발표일과 발표 시간을 알 수 있다. 2022부터 지금까지 유례없는 속도와 폭으로 기준금리를 올렸음에도 왜 물가지수는 미 연준이 목표로 하는 2%에 못 미치는 것일까? 러시아-우크라이나 전쟁, 러시아에 대한 경제제재 조치, 미-중 갈등 등으로 전 세계 교역량이 줄었기 때문이다. 이러한 상황에서 미국은 다소 비용이 많이 들긴 해도 자국에서 제품들을 생산하기 위해 해외로 진출한 생산업체들을 국내로 불러들이는 '리쇼어링Reshoring'을 진행 중이다. 게다가 미국은 이전처럼 많은 이민자를 받지 않게 됨으로써 노동 공급은 줄고 일자리는 많은 상태다. 이에 취업이 잘 되고 임금까지 오르면서 소비가 여전히 강세다. 전체 대출에서 가계가 고정금리로 받은 주택담보대출 비중도 약 80%에 달하는데, 2023년 1분기 기준 주택담보대출을 받은 이들 중 61%가 4% 이하의 금리로 대출받았으며, 10%가 조금 안 되는 사람들이 6% 이상의 금리로 집을 샀다. 이것이 무슨 말인가? 기준금리를 아무리 높여도 대출금리로 인해 소비가 줄어들 수 없는, 부동산대출 구조가 되었다는 뜻이다.

미국의 실업률이 상승해야 일자리를 잃은 사람들이 소비를 줄이고 그 여파로 물가도 낮아지는데, 고정금리가 낮다 보니 미국인들의 소비에 큰 타격이 되지 않았다. 다만 2023년 8월부터 금리인상의 효과가 지표상으로 나타나기 시작했다. 8월 미국의 구인율이 지속해서 상승하다가 낮아졌고, 챌린저 레포트상의 해고율이 7월 대비 8월 약 230% 증가한 것이다.

2023년 8월에 나온 PMI, 즉 미국 제조업 구매관리자지수는 47인데, 2023년 5월 이후 50 이하를 유지 중이다. 보통 제조업 구매관리자지수가 50 이하라는 것은, 구매관리자들이 제조업의 향후 경기를 부정적으로 본다는 뜻이다. 2023년 9월 1일 발표한 미국 시간당 평균임금은 전월 대비 0.2% 인상되었는데, 최근 매월 0.3~0.5% 인상되었던 것과 비교하면 하락한 수치다. 시간당 평균임금이 하락한다는 것은 이전처럼 월급을 많이 올려주지 않아도 사람들이 일한다는 뜻이다. 미국 연속실업수당 청구 건수 역시 8월 이후 상승하고 있다. 이를 반영하듯 9월 1일 발표한 미국 실업률은 3.8%로, 3.4~3.5% 수준이었던 것에 비하면 상승했다는 것을 알 수 있다. 미국의 제조업이 침체 중이고 노동시장 또한 나빠지고 있다는 증거들이 포착되는 것이다.

앞에서 말했듯, 그동안 미국은 기준금리를 지속 인상했는데도 불구하고 소비가 탄탄했고 일자리도 넘쳐났다. 그로 인해 물가가 여전히 높은 수준을 유지할 수 있었다. 하지만 금리인상의 여파는 시차를 두고 나타나게 마련이고 이는 최근 연속실업수당 청구 건수, 실업률, 제조업 구매관리자지수 등으로 확인할 수 있는데, 드디어 미 연준의 의도대로 되고 있다. 이 같은 나의 판단이 맞는지, 혼자만의 망상에 불과한지 확인하는 방법도 있다. 역시 지표다. 미국의 고용지표 혹은 신규 실업수당신청 건수가 발표된 후 '미국 10년물 국채금리'를 확인하면 된다.

앞서도 설명했지만, 미국 10년물 국채금리는 사실 전 세계가 주목하는 지표다. 세상에서 가장 부유하고 강한 나라에서 발행하는 국채 중에서도 가장 거래량이 많고, 우리나라의 국민연금을 포함해 전 세계 많은 연기금과 중앙은행들, 미국 내 군인공제회들이 보유 중인 국채가 바로 미국 10년물 국채다. 이렇게 전 세계 많은 자금과 연결되어 있기에 우리는 이를 통해 많은 정보를 얻을 수 있다. 미국채 2개월물이나 1년물 같은 단기국채는 기준금리의 영향을 많이 받아서 기준금리를 올리면 단기국채 금리도 상승한다. 반면 장기국채 금리는 향후 인플레이션(물가)과 경제예측이 선반영되어 움직이는 경향이 짙다. 예를 들어, 실업률이 높아지면 사람들의 소득과 소비가 줄면서 물가하락이 예상되기에 미국 10년물 국채금리가 하락한다. 더 나아가 이를 보며 침체를 예상하기도 한다. 경기침체와 10년물 국채금리가 무슨 연관이 있는 것일까?

중앙은행은 어떨 때 기준금리를 인하하는가? 여러 이유가 있을 수 있지만, 침체된 경기를 부양하기 위해서일 가능성이 크다. 시장 역시 경기가 침체하면 중앙은행이 경기를 살리기 위해서라도 기준금리를 인하하고 돈을 푸는 양적완화 정책을 펼칠 것으로 예상한다. 시장의 기준금리 인하 예측이 더욱 강해지면 미국 10년물, 20년물 국채 같은 장기국채 금리가 우선 하락한다. 특히 일반적인 금리인하 시에도 단기국채보다는 장기국채 금리가 더 많이 떨어지는 경향이 있다. 정리하자면, 실업률이 올라가고 구인율이 내려가며, 미국 제조업 구매관리자지수가 50 이하로 악화된다면 물가가 낮아지거나 경기가 침체될 가능성이 크므로 미국 10년물 국채금리도 떨어지리라 보는 것이 옳다.

2023년 8월 현시점, 미국 10년물 국채금리는 거의 17년 만에 최고 수준에 도달했다. 무슨 의미인가? 미국의 금리인상이 상단에 도달했다는 의미로 봐도 무방하다. 이에 물가가 안정되고 실업률이 증가하면 미 연준이 금리인상을 중단한 후 일정 기간이 흐른 뒤에는 금리를 인하할 가능성이 매우 크다. 미국의 기준금리를 예상하는 FED WATCH에서도 2024년 5월쯤 금리인하를 예상하고 있다. 종합해 보면, 미 연준이 추가적으로 기준금리를 올린다 해도 1번 이상은 힘들며, 길게 보면 내년쯤 다시 내릴 것으로 보인다. 그리고 금리를 동결하거나 인하할 경우 장기채권 금리가 하락할 가능성이 크며, 내년에는 반드시 지금 수준보다는 떨어질 것이다.

그렇다면 투자자는 무엇을 해야 하는가? 나는 장기적 관점으로, 현시점 장기채권에 조금씩 적립식으로 투자할 경우 좋은 수익을 기대할 수 있다고 본다. 그래서 나도 20년 이상의 채권에 투자하는 국채 ETF인 TLT와 TMF에 조금씩 적립식으로 투자하고 있다. 미국 장기채권의 금리가 떨어질수록 미국 장기채권의 가격은 상승하기에, 미국 장기채권 금리가 떨어질 경우 TLT는 매월 배당금을 지급하면서도 1배의 수익을 가져다줄 것이고, TMF는 분기별 배당과 함께 3배의 수익을 안겨줄 것이다. 이 같은 거시경제를 보는 안목으로 ETF 상품을 고른다면 수익도 보장된다.

단, 당부하고 싶은 말이 있다. 채권은 본래 변동성이 크지 않다. 따라서 가격 상승이든 하락이든 장기적으로 천천히 진행된다. 그러니 채권 투자는 자신의 시드를 잘게 쪼개어 고점일 때 적립식으로 저축하듯 해나가는 게 좋다. 또한 중간에 어떠한 변수로 상황이 바뀔 수도 있다는 걸 감안해야 한다. 그저 조급하게 무조건 '사야 돼'라는 마음만 앞세워 자신의 시드 전체를 어느 한 시점에 몰빵하는 투자만큼은 하지 말길 바란다. 나 역시 블로그에서 이를 가장 강조하고 있다. 단타와 도박 같은 투자는 본인을 병들게 할 뿐이다. 이러한 점에 유의하면서 앞서 소개한 지표들을 하나씩 체크해 대응하는 투자를 해야 한다.

# 02

# 판교불패의
# 추천 투자자산

## 단기적 관점
## - 2023년 하반기~2024년

### 1. 미국 장기채권 투자

2024년 예상되는 경제 이벤트 중 하나는, 미국과 한국 등의 기준금리 인하다. 미 연준은 2021년 하반기부터 슬슬 시동을 걸어 2022년 본격적으로 금리를 인상했고, 현시점 2023년까지 금리인상 기조를 유지하고 있다. 하지만 2023년 8월까지의 추이를 보면 미국의 CPI 중 유가와 식품 가격을 뺀 코어 CPI의 물가가 점진적으로 내려오고 있고, 노동시장도 완전고용 형태로 유지되다가 조금씩 냉각되어 8월 실업률이 3.8%를 기록한 상황이다. 이 같은 물가와 고용 상황만 봐도 미 연준이 특별한 이슈가 발생하지 않는 한, 기준금리를 추가 인상하기는 어려우리라 예상한다. 만에 하나 중간에 기준금리를 인상하더라도 지속적으로 하긴 힘들다고 보는데, 자칫 잘못하다가는 금융시장에 큰 타격을 줄 수 있기 때문이다. 기준금리를 인상했다고 그 효과가 바로 나타나는 것은 아니다. 보통 6개월~1년 정도의 시차를 두고 드러나게 마련인데, 그래서 8월의 데이터에서 이런 움직임이 확연히 나타났다.

종합해 결론을 짓자면, 미 연준은 2023년 말까지 기준금리를 동결하고, 2024년에는 기준금리 인상보다는 오히려 인하에 대한 고민을 시작할 것이다. 그렇다면 모든 날, 모든 계절 돈을 벌고 싶은

투자자는 어떤 자산에 투자해야 할까? 바로, 장기채권 ETF 투자가 유효해 보인다.

장기채권 ETF에는 미국 국채 20년물 이상에 투자하는 TLT와 20년물 이상에 3배 레버리지투자가 가능한 TMF가 있다. 어느 것을 선택해야 할까? 만약 미국 채권이 확실히 오르거나 내리지 않고 지속해서 횡보하는 모습을 보인다면, 20년물 이상 채권에 커버드콜을 거는 TLTW를 추천한다. TLTW는 매월 배당해 주며, 2023년 5월 배당수익률이 약 20%에 달했다.

## 2. 일본 엔테크

현시점 원/엔 환율은 지난 10년을 돌아볼 때 두 번째로 낮은 수준이다. 일본 정부는 경기부양을 위해 계속해서 엔화를 시중에 풀었다. 그러기 위해 일본 정부는 YCC Yield Curve Control 정책을 펼쳤는데, 이는 일정한 목표 금리 달성을 위해 채권을 매수·매도하며 수익률Yield 곡선Curve을 제어Control하는 것을 말한다. 일반적인 양적완화보다 훨씬 적극적인 통화정책이라고 할 수 있다.

미국이나 한국은 중앙은행이 기준금리를 정한다. 국채로 따지면 일주일짜리 채권금리를 결정해 주는 것이다. 이처럼 단기 금리를 정해놓으면. 국채 연수가 오를수록 이자율이 올라가는 구조로 시장이 자연스럽게 형성된다. 이를테면, 1년짜리 국채금리(수익률)가 2%라면, 10년짜리 국채금리는 5%가 되는 것이다. 연수가 길수록 오랜 기간 빌리는 것이기에 불확실성 때문에라도 금리가 높다는 것이 채권의 핵심이다. 하지만 외부 변수에 따라서 기준금리를 아무리 올리거나 내려도 장기국채 금리들이 오르내리는 것이 의도처럼 되지 않을 수 있다. 이에 일본 정부는 국채 수익률의 영역을 정해두고 정한 선에서 플러스마이너스 0.5%를 넘으면 일본 중앙은행이 국채를 매입하거나 매도해 기준금리뿐 아니라 일본 국채 수익률을 관리해 온 것이다.

일본은 금리 수준을 0%대로 유지할 정도로 양적완화 정책을 펼쳤지만, 좀처럼 물가가 오르지 않았다. 엄청난 양의 엔화를 풀면서 엔화의 가치 또한 크게 하락했다. 이 같은 이유로 현시점 원/엔 환율은 매우 낮은 상태이며, 일본의 CPI 역시 2022년 9월부터 약 1년간 3% 이상을 유지하고 있다. 목표 물가가 2%인 것은 일본도 마찬가지다. 때문에 계속해서 물가가 상승하거나 3% 수준을 유지한다면 일본 중앙은행이 금리인상을 결정할 수 있다. 기준금리 인상 결정 가능성이 매우 커지는 상황이다.

일본의 기준금리가 올라가면 어떻게 될까? 금리인상은 시중의 엔화를 빨아들여 다시 엔화의 가치를 높이는 것과 같으므로, 엔/원 환율도 상승할 가능성이 크다. 그렇다면 투자자는 무엇을 하면 될까? 은행에서 판매하는 엔화 예금통장이나 엔화 ETF에 투자한다면 쏠쏠한 수익을 낼 수 있을 것이다.

## 장기적 관점
## – 2024년 이후

현시점 전 세계적인 이슈 중 딱 3가지 포인트를 생각해 보자.

첫 번째는 중국과 러시아를 필두로 한 브릭스 연합 형성으로 신 냉전시대가 가속화되고 있다는 것이다. 두 번째는 전 세계가 탄소 중립을 외치며 친환경 에너지로의 전환을 준비하고 있다는 것이다. 세 번째는 일본과 한국은 물론 14억 인구를 보유한 중국 역시 초고령화사회에 빠르게 진입하고 있는 등 전 세계가 늙어가고 있다는 점이다. 이러한 세계적인 흐름 앞에서, 우리가 장기적 관점으로 투자해야 할 자산은 무엇일까?

신 냉전시대의 가속화로 전 세계 각국이 군비 경쟁에 열을 올리고 있다. 우크라이나 인접국인 폴란드는 러시아의 우크라이나 침공으로 크게 위협을 느끼며 2024년 국방예산을 기존 대비 2배 이상 올리면서 적극적으로 해외의 무기를 수입하고 있는데 우리나라와의 전차, 전투기, 미사일 수입 계약도 완료한 상태다. 유럽 역시 적극적으로 군비 증강에 힘쓰고 있다. 독일은 무기 현대화에 1,000억 유로를 투자하기로 했고 이외의 유럽 국가들도 국방예산을 지속 증액하는 상황이다. 가까운 이웃 일본 역시 향후 5년에 걸쳐 국방예산을 2배 이상 증액하기로 하고 미국의 장거리 미사일 도입을 검토 중이다. 우리나라는 어떤가?

아이러니하게도, 우리나라는 오랫동안 전시체제를 유지해 온 덕분에 무기대량화생산 체계를 잘 갖추고 있다. 전 세계에서 무기를 가장 잘 만드는 나라는 미국이라는 걸 부인할 수는 없지만, 우리나라는 같은 무기를 미국보다 저렴하게 생산할 수 있다는 점에서 가격 경쟁력이 있다고 할 수 있다. 따라서 전 세계 시대적 흐름과 각국의 군비 경쟁을 볼 때, 장기적 관점에서 투자자는 방위산업 주식 섹터에 주목할 필요가 있겠다.

또한 두 번째 이슈를 생각하면 그린에너지 분야도 유망해 보인다. 태양광, 풍력 등의 재생에너지 기업들은 환경친화적인 기술력을 제공하기에 앞으로의 성장 가능성이 크다. 풍력 및 태양열 발전기업 넥스트에라 에너지NEXTERA Energy, 세계 최대 리튬생산업체 앨버말Albemale 등은 장기적으로 볼 때 좋은 주식 섹터다.

세 번째 이슈를 생각해 보자. 중국은 이와 같은 흐름으로 노인인구가 증가할 경우 10년 후 노인인구만 4억 명이 된다. 사회가 발전할수록 국민이 늙어가는 현상을 시쳇말로 '선진국병'이라고도 하는데, 투자자라면 인간의 건강 및 복지에 초점을 두고 있는 기업들에 주목할 필요가 있다. 대표적으로 존슨앤존슨, 화이자 등이 있다.

이외 인공지능 AI와 로봇, 전기차 및 클라우드 플랫폼 등은 이미 여러 투자자들과 플랫폼에서 소개하고 추천했으니 생략하겠나.

# 03

# 판교불패의
# 투자 생각

## 잃었을 때
## 배운다

모든 일에는 이론과 실천의 차이가 존재한다. 유튜브와 각종 SNS 속 각종 동기부여 영상과 부자들의 성공담을 담은 콘텐츠는 높은 조회 수를 기록하고 수많은 하트를 받는다. 성공하고 부자가 되고 싶은 인간의 기본적인 욕망을 자극하기 때문이다. 그런데 어마어마한 조회 수와 '좋아요' 반응에 비해, 막상 이를 실천해 똑같은 성공과 부를 이뤘다는 사람들의 이야기는 드물다. 왜 그런 것일까?

누군가가 부자가 된 방법이나 성공한 비결을 궁금해하는 사람은 많지만, 정작 그렇게 듣고 알게 된 것을 실천하는 사람은 극소수에 불과하기 때문이다. 내게도 수많은 사람이 질문한다. "채권 투자는 어떻게 해요?" "어떤 부동산을 사는 게 좋아요?" "달러를 지금 사도 되나요?"

나는 이러한 질문에 기본적인 설명을 해주지만, 꼭 이렇게 덧붙인다. "관심 있는 물건에 제대로 투자하고 싶다면, 일단 작은 액수라도 직접 투자해 보세요. 사랑은 글로 배우는 게 아니라 직접 해야 하는 거잖아요."

그렇지 않은가? 주변에서 다들 테슬라를 사야 한다고 떠들어대서 그 말만 믿고 테슬라 주식을 산다. 꿈만 같은 수익을 안겨주리라 기대했는데 얼마 가지 않아 주가가 폭락하고 만다. 그렇다면 당신은 가장 먼저 무슨 생각을 하겠는가? 주변인에 대한 원망? 앞으로 주식 투자는 절대 하지 말아야지 하는 후회? 이런 것들은 그냥 감정에 불과하다. 이럴 때일수록 이성적으로 생각해야 한다. 우리는 어떻게 하면 손해를 최소화할 수 있을지를 따져봐야 하고, 그렇다면 내가 산 테슬라 주식의 가격이 언제 오를 것인지 알아봐야 한다.

초반에는 테슬라 주식에 대한 수많은 전문가의 이야기들을 찾아볼 것이다. 정보가 많아질수록 대다수의 사람은 테슬라라는 기업에 대해 직접 공부하기 시작한다. 테슬라의 경영이념부터 CEO의 성향, 테슬라가 지향하는 사업 방식 등 차츰 관련 지식이 늘어난다. 이처럼 내가 산 주식의 가격이 하락할 때야 비로소 해당 기업과 해당 섹터에 대한 공부를 하게 되고 이를 통해 이해도도 증가한다. 왜 그런가? 거기에 내 돈이 들어가 있기 때문이다. 이런 상황에서 우리의 지식 습득력과 몰입도는 그냥 주식 공부나 좀 해볼까 싶어서 시작할 때와는 비교도 할 수 없게 강해진다. 특히 관련 지식이 어느 정도 쌓였다 싶을 때는 테슬라뿐 아니라 유사 카테고리에 있는 기업이나 산업 동향까지 살피게 되면서 투자의 지경이 한층 넓어지고 안목도 탁월해진다. '처물려 봐야 정신 차린다'라는 말이 괜히 나온 게 아니다.

부동산 투자도 마찬가지다. 소액으로라도 부동산을 직접 매수해 봐야, 부동산 투자 시 부과되는 각종 세금이나 정부의 부동산 정책, 아파트 시세 등이 살아 있는 지식이 된다. 그저 책만 보면서 부동산 투자를 공부할 때와는 확연히 다르다는 걸 느끼게 될 것이다. 투자하기 전에는 마냥 어렵기만 하고 무슨 말인지도 몰라서 헤매다가 남의 말만 듣고 일단 아파트를 매수했는데 갑자기 가격이 떨어지기라도 하면, 이를 다시 되팔거나 어떻게든 버티기 위해서라도 공부하게 된다. 그렇게 공부하다 보면 양도세, 주택임대차보호법, 거주지개발계획 같은 평소 관심 없었던 용어나 관련 정보도 피부에 와 닿는 지식이 되는 것이다.

이러한 이유로, 최고의 몰입도와 진정성으로 투자를 공부하게 되는 시기는, 내 돈을 넣어 투자한 자산의 가격이 폭락할 때다. 각종 정보를 모으고 여러 사람과 해당 자산에 대한 토론까지 벌이면서 대단히 빠른 속도로 관련 분야의 지식을 쌓게 된다. 어떻게 아냐고? 내가 직접 경험해 봐서 안다. 투자 전에는 이해가 잘 안 갔던 부분이라도 실제 투자하면서 관련 문제에 맞닥뜨리면 어느새 전문가보다 더 잘 알게 된다. 급기야 자신만의 투자 관점이나 투자 철학까지 자연스럽게 생성된다.

따라서 투자 공부는 경기침체기에 하는 것이 가장 효율적이다. 모든 자산이 상승하는 경기호황기에는 사실, 공부할 필요도 없다. 무엇이든 그냥 사면 오르기 때문이다. 반면 경기침체기에는 여러 자산이 부침을 겪기 때문에 자산 가격의 오르내림을 확인하며 비교적 어떤 자산이 리스크에 강한지도 알게 되고, 내가 투자한 자산이 어떤 위기가 닥쳤을 때 취약한지, 어떤 성질이 있는지 등도 제대로 파악할 수 있다.

투자를 제대로 하기 위해 관련 지식을 끊임없이 쌓는 것, 이것이 많은 이가 생각하는 투자 공부일 것이다. 하지만 나는 실전에서 직접 돈을 투입해 잃고 얻고 다시 잃고 더 크게 불리고 하면서 숱한 실패와 아픔까지 겪으며 배우는 것이 진정한 투자 공부라고 생각한다. 그러니 결론은 이것이다. 이론적 지식 쌓기와 실천적 투자를 병행하라. 당신이 쉽게 접할 수 있는 투자 전문가의 성공기나 동기부여 영상, 자기계발 관련 콘텐츠가 성공적인 투자의 전 과정을 오롯이 보여주지 못한다는 걸 자각하라. 여러분께 다시 당부한다.

경제와 투자에 관해 열심히 공부했는데도 잘 이해가 안 된다면,

기본 경제지식을 쌓았다면 이제 작은 액수라도 직접 투자해 보자

일단 조금 매수해 볼까? 선발대를 보내자!

이 주식이 유망하다고?

주식을 매수할 때 가장 먼저 드는 생각은 '이 주식이 과연 언제 오를까?'이다

어… 선발대가 다 죽었어?

내가 산 주식을 이해하기 위해 초반에는 전문가들의 이야기를 듣겠지만, 나중에는 직접 공부하게 될 것이다

경영이념

사업 방식

기술적 분석

기본적 분석

내 돈이 들어가야 공부 속도가 빨라지며, 나아가 투자 안목도 올라간다

전기차 시대? 배터리 세계 매출 1위가 어디더라?

희토류 수급은 어떻게 되려나?

일단 투자하라. 그리고 자산의 하락도 몸소 체험해 보라. 돈을 잃어
본 사람만이 전문가가 된다.


## 성투 불변의 진리

투자를 통해 최고의 수익을 올리는, '성투(성공 투자)'의 비결은
무엇일까? 바로, 싸게 사서 비싸게 파는 것이다. 이것이 주식 투자
의 기본원칙인 'BLASH BUY LOW AND SELL HIGH'다. 무엇이든지 싸게
사야 안전하다는 의미다. 당연해 보이는 이 성공 비결을 구사하기
위해 투자자들은 '물타기 전략'을 쓰기도 한다. 주식에서 물타기란,
특정 주식을 샀다가 가격이 떨어지면 손실을 줄이기 위해서라도 떨
어진 금액으로 계속 주식을 사는 것을 말한다. 계속해서 주식을 사
다 보면 평균 매수단가가 낮아져 가격이 일정 수준으로 회복될 때
투자 원금을 찾을 수 있고 그 이상의 수익을 거두는 것도 가능하기
때문이다. 물타기 전략은 주식은 물론 부동산과 여러 자산에 투자
할 때도 적용할 수 있다.

설명했듯, 이 물타기 전략의 최대 장점은 평균 매수단가를 낮춤
으로써 가격이 반등할 때 수익이 커진다는 점이다. 평균 매수단가
가 낮아진다는 점에서 투자자는 심리적 안정감도 누릴 수 있다. 부
동산시장에 이를 적용하면, 주택 공급 물량이 쏟아져 나와 아파트

분양가에 마이너스 프리미엄이 붙는 때야말로 높은 투자 수익을 노릴 수 있는 시기라고 볼 수 있다. 그런데 이런 때도 절호의 기회를 붙잡는 사람은 극소수에 불과하다. 왜 그럴까? 시장침체기마다 등장하는 전문가나 학자 들이 레퍼토리처럼 읊는 "이번 위기는 다르다"란 경고가 투자자의 결단을 흔들기 때문이다.

예를 들어보자. 2001년 미국에는 닷컴버블 붕괴와 9.11 테러 이슈가 있었다. 자산시장이 폭락하기 시작했고 월스트리트의 유명 전문가들은 하나같이 "대폭락 직후 시장은 일반적으로 회복했으나, 이번엔 다르다"고 외쳤다.

2008년 경제위기 때도 IT 분야 전문 리서치그룹 가트너 Gartner는 "1990년대의 빠른 성장률은 이제 과거가 되었으며, 당장은 성장률이 다시 가속화될 만한 요인들이 눈에 띄지 않는다. 이는 장기적인 현상 혹은 나아가 영원한 추세가 될 수도 있다"고 지적했다.

2020년에 코로나19 팬데믹이 닥쳤을 때도 "이번 위기는 진짜 다르다"며 경제학계와 세계은행, IMF 등 유명한 경제 관련 단체들이 앵무새처럼 같을 말을 쏟아냈다.

하지만 결과가 어땠는가? 이미 우리가 알고 있는 바다. 2008년 위기는 2~3년 정도 침체 기간이 길긴 했지만 다시 살아났고, 시장의 자산 가격이 전고점을 돌파했다. 최근에도 비슷한 분위기다. 2022년부터 미국은 역사상 가장 빠른 속도로 금리를 인상했고 주식시장과 부동산시장은 말 그대로 폭락했다. 한국도 이 여파를 비겨갈 수 없었다. 미국의 S&P500은 2021년 12월~2022년 9월까지 -21%의 폭락을 경험했다. 하지만 2022년 10월~2023년 7월에는 28%가량 상승했다. 전고점까지 돌파하진 못했지만 당시 시장에 감돌던 공포 수준에 비하면 예상 못한 결과였다. 지금도 역시나 미 연준이 금리를 지속 인상할 거라며 시장에 공포가 주입되고 있다. 우리나라는 어떤가? 2022년 12월 부동산이 폭락하고 이른바 주택의 매매가격보다 전세가격이 높은 역전세가 나타나면서 추가 폭락도 예측됐지만, 현재 부동산 가격은 계속 회복 중이다.

이 순간에도 "데드캣 바운스로 상승했으나 추가로 더 하락할 것"이란 견해부터 "가짜 상승"이란 말까지 나온다. 그들의 근거는 무엇인가? "이번은 과거의 경우와 확실히 다르기 때문"이라는 것.

### 이번엔 다르다? 당연하지!

그런데 곰곰이 생각해 보면, 어떤 위기도 지금과 다를 수밖에 없다. '이번엔 다르다'라는 말은 항상 옳다. 미국이나 일본은 물론 우리나라를 포함한 전 세계 정부와 중앙은행이 경기침체를 겪게 될 때마다 양적완화와 금리인하를 통해 경기를 부양하고자 노력하는데, 다시는 해당 경로로 똑같은 위기를 겪지 않게끔 제도를 보완하고 수정한다. 관련 법을 제정하고 규제를 만드는 등 시장의 법칙을 변경하여 동일 경로의 침체를 방지하는 것이다. 따라서 경기침체를 겪을수록 시장은 학습하고 성장한다. 이러한 이유로 경기침체로 인

최고의 수익을 올리는 비결은, 싸게 사서 비싸게 파는 것!

주가가 계속 빠지네? 물타기 해야 하나? 그런데 이번 위기는 다르다던데

이번 경제위기는 과거와 다릅니다 더 하락할 거예요!

경제위기가 올 때마다 시장은 보완하고 수정하기 때문에 위기는 매번 다를 수밖에 없다

2001년 닷컴버블 붕괴, 9.11.테러

2008년 세계 금융위기!

2020년 코로나!

이번엔 정말 달라 회복하지 못하면 어쩌지?

이번엔 달라!

이번엔 달라!

그러나 인간의 본성도, 자연도 원래대로 회복하려고 하는 경향성이 있다

눌려 있으니 답답하네…!!

이러한 이유로, 투자의 최적기는 경기침체기다!

경제시스템

어우~ 잘하자, 쫌!

경제

이번에야말로 튼튼히!

한 위기는 옛날의 패턴과 다를 수밖에 없다.

그런데 다시 잘 생각해 보자. 시장은 자연의 역동과 비슷하다. 기후 악재나 화재로 인해 대규모의 숲이 병들거나 불에 타 한순간에 사라진 것 같아도, 몇 년 후 찾아보면 언제 그랬냐는 듯 다시 울창한 숲으로 변해 있다. 악재와 악재가 겹쳐서 바닥을 치고 영원히 살아날 것 같지 않은 시장도 결국에는 재생된다. 이러한 자연의 회복력을 경제예측에 접목한 학문도 있다.

1872년에 조지 티치George Titch라는 사람이 향후 200년간 주식매매 타이밍에 관한 전략을 문서화했다. 꽤 낡아 보이는 문서이지만, 자세히 들여다보면 그가 3가지 포인트로 구분했음을 알 수 있다. A는 경기침체가 다시 발생할 수 있는 해, B는 경기호황기로 주식은 고가이고 모든 종류의 주식과 자산을 매도할 시기, C는 수년

### 조지 티치의 주식 매매 전략

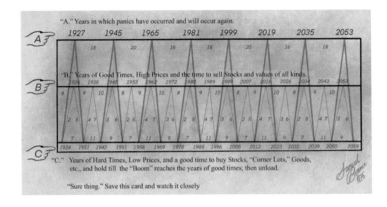

간 어려움을 겪게 되는 시기로 가격이 낮아 주식을 매수하기 좋은 때라고 적혀 있는 것을 볼 수 있다. 놀라운 것은 이러한 전략이 기록된 시점이 지금으로부터 약 150년 전인데도, 이 예측의 적중률이 91%라는 것이다. 그는 1929년, 1999년, 2007년 및 2020년이 포함된 주요 하락시점을 비슷하게 맞췄다.

도대체 그는 어떤 자료와 근거로 이를 예측한 것일까? 바로 인류가 2세기 만에 발견한 11년 태양 주기가 기반이었다. 경제예측과 태양흑점 주기의 관계는 지금도 계속 연구 중인 분야인데, 일부 연구에서 태양흑점 주기가 경제주기와 유사한 패턴을 보인다는 것이 밝혀졌다. 태양의 활동이 활발할 때는 경제가 성장하고, 태양 활동이 둔화할 때는 경제가 침체기에 접어들었다는 것이다. 태양 활동이 활발할 때는 기후가 좋아서 곡식이 잘 자라고, 가축의 생산성도 향상되어 경제호황을 맞을 수 있다는 것이다. 실제 옥수수와 돼지 가격은 5년 또는 6년마다 정점을 찍고, 면화의 가격은 11년마다 정점을 찍는다.

이 밖에, 엘리엇 파동이라는 것도 있다. 이 이론은 미국의 회계사 출신으로 아마추어 주식 분석가이기도 한 랠프 넬슨 엘리엇Ralph Nelson Elliott이 1938년 자신의 저서 《파동이론》에서 처음 발표한 것으로, 자연 현상에서 나뭇가지나 강물의 흐름과 동일한 반복 패턴인 '프렉탈 구조'를 분석하여 주식시장에 대입한 투자 전략이다. 5번의 상승과 3번의 하락이 있다는 다소 복잡한 이 이론은 1930년 미국 주식 대폭락과 대상승을 정확하게 예측해 명성을 얻었다.

인간의 본성과 자연 현상은 원래대로 돌아가고자 하는 경향성을 띤다. 사람들은 시장이 조금만 얼어붙어도 잔뜩 움츠리고 지갑을 꽁꽁 닫지만, 돈이 조금이라도 돌기 시작하면 언제 그랬냐는 듯 의식주가 아닌 자산시장으로 우선 달려가서 주식을 사거나 집을 사고 그렇게 번 돈으로 소비를 늘린다. 자산 인플레이션이 먼저 발생하고, 시장의 물건 가격이 순차적으로 오른다.

나도 오랜 실패를 겪고 난 후에야 이를 알게 되었다. 이전에는 그저 '과거와 현재는 다르다. 과거에는 하락했다가 다시 상승했어도 반드시 그럴 거란 보장은 없지 않은가?' 하며 덮어두고 불신한 것도 사실이다. 하지만 지금까지의 경제 역사, 인간의 삶을 연관지어 생각해 보고 중앙정부의 정책 방향 등을 지켜본 결과, 결국 자산은 우상향할 수밖에 없다는 합리적인 결론을 얻게 되었다.

상승장에 추가로 주식을 더 매수하는 '불타기 전략'이라는 것도 있다. 하지만 이러한 전략으로 투자해서 성공하려면 시장에서 매우 빠르게 정보를 입수하고 쉬지 않고 주식창을 들여다봐야 한다. 고점이 어딘지 신속히 분석해 꺾이는 시점에 주식을 매도해야 하기 때문이다. 다만 그러려면 엄청난 시간을 할애해야 하므로 나는 물론이거니와 대다수의 사람이 실행하기 어려울 것이다.

그럼에도 여전히 희망은 있다. 가장 좋은 투자 타이밍인 경기침체기가 있기 때문이다. 삼성전자나 현대자동차 등 대한민국을 대표하는 우량 주식과 애플이나 테슬라 같은 미국을 대표하는 우량 주식들의 가격이 현격히 내려온다면, 기꺼이 투자하라. 2023년 1월, 한 투자자가 현재 아마존 주식을 가지고 있는데 40% 가까운 손실을 입고 있다며 내게 조언을 구했다. 나는 이렇게 말했다.

"그래서, 아마존이 내일 망한대요? 그런 우량한 회사들은 모든 자산의 수익률이 안 좋은 이 시기만 지나면 다시 정상으로 돌아옵니다. 그러니 가지고 계세요."

아니나 다를까, 2023년 8월에 다시 그에게서 연락이 왔다. 나의 조언 덕분에 멘탈을 붙잡았는데, 현시점 본전 이상을 회복했다는 연락이었다. 다시 말하지만, 우량 주식과 우량 부동산의 최적 투자 타이밍은 경기침체기다. 이 같은 기회를 많은 사람이 놓치는 건 예전과 지금은 다를 거라는 생각 때문이다. 전전긍긍하면서 내게 투자 조언을 구하는 이들에게 나는 다소 거칠게 말한다.

"주식이든 부동산이든 지금 처물리는 게 낫습니다. 실현하지 않은 손실은 손실이 아닙니다. 매도하는 순간 실제 손실이 발생하죠. 물린 게 아니라 반등과 상승을 대비한 자산 세팅이라고 여기세요. 우량 자산은 반드시 반등합니다."

# 소액으로
# 큰돈을 번다고?

내 입으로 말하기 조금 부끄럽지만, 근래 경제·투자 온라인 씬에서 나는 꽤 유명세를 얻었다. 단기간에 블로그 이웃이 꽤 늘었고, 단체 톡방에 사람들로 북적이기 시작했다. 그렇다 보니 여러 채널을 통해 수많은 질문이 쏟아진다. 주식, 달러, 환율, 금리, 부동산, 채권… 블로그의 이름 탓인지, 진짜 '세상의 모든 시장 이야기'가 나오고, 또 이런 각종 투자자산으로 돈을 벌 수 있는 방법을 묻는 내용이 대다수다.

그런데 그런 수천 가지 질문을 하는 이들의 본심을 그 유사성으로 묶는다면 굵직한 몇 가지 줄기로 좁힐 수 있는데, 그중 하나가 '소액으로 큰돈을 버는 방법'에 관한 질문이다. 지금 가진 돈은 얼마 안 되지만, 그것으로 엄청난 수익을 낼 순 없는가 하는 것이다.

주식으로 1억 원을 버는 법은 간단하다. 2억 원을 투자하면 된다. 소액으로 집을 산다고? 소액결제로 집을 사는 것은 어떤가? 휴대폰 소액결제로 부동산 계약을 한다면, 매달 요금이 1억 원씩 나오려나? 세상의 이치가 그렇듯 큰돈을 벌려면 큰돈을 투자해야 한다. 지금 가진 게 소액이라면 일단 작은 수익을 당연하게 생각하면서 열심히 공부하고 모아서 종잣돈을 불려나가는 게 옳다. 중요한 건 소액으로 일확천금을 버는 위험한 투자법을 아는 게 아니라, 언제든지 절대 잃지 않은 투자법을 알고 내공을 쌓는 것이다.

투자 세계가 그렇듯, 여기저기서 자랑삼아 자기 자산이나 수익을 인증하는 사람들을 만나게 된다. 엄청나다. 그런데 자신의 초라한 계좌나 마이너스 수익을 공개하는 사람이 있을까? 모두들 잘 되고 크게 번 것들만 편집해서 자랑할 뿐이다. 어쩌다 소액으로 큰돈을 벌 수도 있다. 그런데 우리가 이미 여러 사례를 통해 알고 있듯, 쉽게 얻은 돈은 쉽게 빠져나간다는 게 진리다. 우리의 기대를 만족시킬 만한 거액을 하루아침에 버는 길은 로또 아니면 도박뿐이다.

그러니 욕심을 버리고 어떤 상황에서도 돈을 절대 잃지 않는 방법을 배우며 끈기 있게 공부하고 도전하자. 소액으로 투자를 시작하더라도 수많은 고난과 역경을 수업료처럼 내고 강철 멘털을 얻는다면, 언젠가 큰돈도 어려움 없이 굴리고 불릴 수 있을 것이다. 버텨낸 고통에는 큰 위자료가 붙게 마련이니까.

## 투자 공부는
## 어렵다

공부하는 것을 좋아하는 사람이 있을까? 그래, 혹여 있을지도 모르겠다. 하지만 당장 눈앞에 '돈이 되는 정보'가 있을 때 그것을 무시하고 공부부터 한다는 건 쉬운 일이 아니다. 나부터 그러니까. 특히 공부를 한다고 하루 아침에 눈에 보이는 성과를 얻을 수 있는 것도 아니기에, 투자나 경제 공부를 하는 것이 더 어렵게 느껴진다. 어쩌면 운동과도 비슷하다.

사람들에게 운동을 꼭 해야 하냐고 묻는다면, 100이면 100, 모두 해야 한다고 답할 것이다. 운동을 왜 해야 하는지 설명할 필요도 없다. 그런데 왜 운동을 하기가 그렇게 어려운 걸까?

당신이 큰마음 먹고 헬스장 회원권을 끊었다고 하자. 호기롭게 헬스장에 가서 빡세게 운동하고 집으로 돌아와 샤워하고 거울 앞에 섰다. 뭔가 확실히 달라졌나? 큰 변화가 없을 것이다. 다음날에도 헬스장에서 열심히 운동하고 돌아와 거울을 봤다. 아니 이럴 수가! 여전하다.

그렇다. 고작 하루 이틀 운동했다고 없던 등 근육이 솟아나고 뱃

살이나 허릿살이 쏘옥 들어가는 건 아니다. 그래서 며칠 헬스장에서 불태우고 나면 점점 헬스장에 가는 빈도가 줄어 일주일에 한 번, 이 주일에 한 번, 한 달에 한 번 가다가 회원권이 완료된다. 이것이 헬스를 포기한 사람의 전형적인 과정이다. 물론 헬스의 목적이 오직 다이어트나 몸매 가꾸기라면 눈에 보이는 성과를 얻을 수 있다. 핵심은 '꾸준함'이다. 하루아침 만에는 불가능하겠지만 트레이너의 지시 아래 꾸준히 한다면 측정 가능한 감량과 확연히 드러나는 근육 만들기도 가능하다.

나는 마음 자세가 전부라고 생각한다. 지금 내가 하는 운동은 반드시 해야 하는 것이며 다소 어렵더라도 해내야 한다고 스스로 다독이면서, 운동 자체에 전념하는 것이다. 어쩌다 폭식을 하는 날도 있을 것이다. 한두 번 헬스장에 빠지는 날도 생길 수 있다. 하지만 그래도 그다음 날엔 다시 가서 운동을 한다. 꾸준히 하기만 한다면, 분명히 내 몸이 달라질 것이며 당장 눈에 보이진 않더라도 '건강'해지고 있다는 사실을 의심하지 않고 밀고 나가는 게 중요하다. 어느 날 하루 헬스장에서 9시간 동안 운동한다고 몸이 확 바뀌는 건 아니다. 하지만 20~30분이라도 매일 꾸준히 하는 운동은 분명 당신을 바꾼다. 강도보다 꾸준함이다.

투자나 경제 공부도 다르지 않다. 아무것도 모를 때는 생소한 용어나 단어 때문에라도 모든 게 어렵게만 느껴진다. 하지만 무슨 말인지 몰라도 관련 서적을 펴서 읽고, 경제나 투자 관련 카페나 블로그의 글을 살피고, 공부하는 사람들과 대화하며 꾸준히 해보라.

글로벌 경제와 국내 경제가 어떻게 돌아가는지 기사를 찾아서 읽고 시장 흐름을 살피다 보면 나름 재미가 생긴다. 하다 보면 반복되는 경기순환 속에 유사한 패턴이 보일 것이다. 그렇게 스토리를 짜서 예측해 보는 것, 이것이 바로 내가 경제와 투자 공부를 계속 그리고 재미있게 하게 된 방법이다. 이제는 블로그와 단체 톡방에서 그동안 쌓은 지식을 나누고 전하다 보니 말도 많아졌다. 그동안은 느낄 수 없었지만, 꾸준히 공부했던 것이 드러나는 것도 같다. 그렇게 만난 이들과 서로의 경제예측 시나리오를 교환하면서 투자 성공률 또한 뛰어올랐다.

앞서도 말했지만, 일단 당신의 소중한 자산을 시장에 걸어보라. 손실을 보든지 수익을 내든지 내 돈이 움직이고 있어야만 시장을 더욱 예의주시하게 된다. 그 역시 당신의 꾸준함에 불을 지피는 마른 장작이 될 것이다. 좀처럼 티 나지 않던 공부의 힘이 드러나는 순간은, 반드시 온다.

## 8 × 5 = 40

'어휴, 어린애가 뭘 알겠어?' '부동산 씬에서는 듣보잡 아닌가?' 이런 것들이 바로 선입견이다. 나에게도 이런 선입견이 없다고 할 순 없지만, 많은 사람이 또한 이 같은 선입견을 가지고 나를 평가한 것도 사실이다.

나는 하루에 8시간씩 일주일에 5일 정도 경제지표를 들여다보고 공부하며 여러 경제 시나리오를 짜고 팩트 체크를 한 뒤 투자를 진행했다. 40시간은 적지 않은 시간이다. 이런 것이 티가 날까 싶었지만 이렇게 해보니, 누굴 만나든 그 사람의 실력과 하는 이야기의 진위 여부가 한눈에 보였다.

글도 마찬가지다. 겉만 번지르르한 글이 있고, 간결한 문장인데도 그 속에 글쓴이의 인생과 경험으로 완성된 통찰력이 번득이는 글도 있다. "투자 공부는 어떻게 하나요?"라는 누군가의 질문에 다음처럼 답변했다고 하자.

**답 1**  일단 관련 서적을 100권 이상 읽으시고요, 부동산 시세를 살펴보세요.

**답 2**  사랑을 글로 배우나요?

1번의 답변이 친절하고 구체성이 있어 보이겠지만, 2번의 답에서 우리는 핵심을 발견할 수 있다. 사랑을 어찌 글로 배우겠나, 일단 직접 뛰어들어서 부딪혀 배우라는 이야기가 아닌가. 이를 구분하고 알아보는 사람이 있다면, 관련 분야를 공부하고 한 번이라도 깊이 파보았던 사람일 테다.

무엇이든 실패했다면 자신이 왜 실패하게 되었는지 그 과정을 복기하고 천천히 원인을 분석해야 한다. 최종 선택 버튼을 눌렀을 때 한 생각과 들었던 감정까지도 돌이켜보라. 분명 어느 부분에서 놓치거나 잘못 분석한 것이 있을 텐데, 이를 알아보지도 않은 채 '에잇, 다음엔 잘 되겠지' 하며 지나친다면 관성대로 투자하게 된다. 그러다 보면 실패 역시 습관이 될 것이다. 시장이 어떻게 작동하고 있는지 하나도 모르면서 특정 누군가가 특정 시기에 거둔 엄청난 성공 스토리를 담은 책만 읽다 보면 아무것도 얻을 수 없다. 변화도 성장도 없다. 아는 게 많아져 누군가에게 떠들 수 있는 정보는 생길지 몰라도, 그 지식이 바로 당신의 지갑을 두둑하게 불려줄 수는 없을 것이다.

가끔 카페나 블로그에서 투자 관련 글을 읽다가 투자의 본질을 꿰뚫거나 허를 찌르는 촌철살인 어투로 시장을 읽어내는 사람들을 보고 놀랄 때가 있다. 그럴 때면 자연스럽게 선입견이 발동되어 '분명 나보다는 어린 것 같은데' '이 업계 종사자 같지는 않은데' 싶어진다. 그럴 때 다시 나는 생각을 고쳐먹는다.

'저 사람은 일주일 내내 하루 12시간씩 투자만 생각하고 공부한 사람인가 봐. 적어도 84시간 정도는 투자해야 나올 법한 인사이트인데?'

아무리 나보다 살아온 세월이 짧다 해도 일주일에 84시간 몰두해 공부하고 투자했다면 압축된 경험과 인사이트를 얻을 수 있을 것이다. 우리 주변에는 무언가를 성취하기 위해 치열하게 노력하면서 자신의 시간을 '8×5=40'을 넘어 '12×7=84'로 쏟는 사람이 있다는 걸 기억하라. 그러니 고작 '2×3=6'의 시간만 투자하면서 성과가 잘 나오지 않는다며 투덜대면 안 된다.


## 존버가
## 필요한 이유

"야, 지금은 너무 비싸. 곧 시장이 식을 테니 지금 말고 그때 사."

부동산 가격이 하락하기 시작할 때 무주택자 친구가 내게 한 말이다. 가격이 한층 더 내려갔을 때 친구에게 물었다.

"지금 가격이 많이 빠졌던데, 너는 계속 집은 안 살 거야?"
"야, 지금 누가 집을 사냐? 더 떨어질 텐데. 넌 괜찮냐? 오피스텔이랑 집값 엄청 빠지고 금리까지 올라서 힘들지?"

친구는 오히려 나를 걱정했다. '에이, 걱정 마. 나라에서 능력 이상으로는 안 빌려주더라. 덕분에 이자가 좀 올라서 힘들긴 하지만 지낼 만해'라고 말하고 싶은 걸 꾹 참고 대답했다.

"어, 힘들어 죽겠어. 어찌해야 할지 앞이 깜깜하네."

이론적으로는 존재하는 부동산 가격의 최저점에, 우리가 입지도 좋고 가격 상승률도 높은 부동산을 매수할 수 있을까? 지금까지 살아오면서 그러한 기회가 몇 번 있었을 텐데, 그때도 못 잡지 않았는가? 부동산 대출이나 금리, 입지 등 스스로 공부해 보려고 하기보다 그저 부동산 전문가나 유명 유튜버의 말만 맹신한다면 기회가 와도 잡지 못할 게 불 보듯 빤하다.

성공적인 투자는 자신이 직접 부딪혀 깨져보고 얻은 인사이트 없이는 불가능하다. 물론, 나 역시 최저점에 대응해 좋은 물건을 잡을 수 있을 거라고 자신 있게 말할 수 없다. 바닥이 언제인지, 반등 시점이 언제인지, 꼭지가 언제인지 정확히 알았다면 이미 떼돈을 벌었을 테다. 하지만 그런 것들은 몰라도 내가 아는 것이 하나 있으니, 먹구름과 비바람이 몰아친 뒤엔 늘 화창한 날이 돌아왔다는 사실이다. 그래서 어려운 시기를 견딜 뿐이다. 지금 이렇게 써놓은 글을 친구에게 읽어주고 싶다.

사실 친구와의 대화는 부동산이 하락장으로 접어들 때 나눈 것이지만, 부동산이 상승장으로 돌아선다고 해서 친구가 집을 살 수 있을지는 모르겠다. 상승장에 접어들면서 정말로 내 집으로 딱이다 싶은 물건이 보인다고 하자. 그때 어떤 일이 일어날까? 그래도 가격이 좀 비싼 것 같아 망설이는데, 오늘 자고 나면 내일 또 가격이 올라간다. 그래서 더 오르기 전에 사야 하나 싶던 찰나, 집주인이 이런 낌새를 귀신같이 알아채고 매물을 거둔 뒤 내일 호가를 또 올린다. 이것이 바로 부동산 상승장에 일어나는 일이다. 그럼 다른 아파트를 찾아보면 되지 않냐고? 미안하지만, 좋은 아파트는 상승장엔 다 이런 식으로 가격이 올라간다.

사람들이 정말 모르는 게 있다. 금리가 올라가고 저렴한 집이 쏟아질 때가 투자하기 가장 좋은 타이밍이라는 사실이다. 주식도 그렇지 않은가? 내가 사면 해당 주식의 가격이 떨어진다고? 당연하다. 주당 현재가 500원인데 500원에 산다고 매수를 걸어보라. 아마 호가가 490원이어야 500원짜리를 살 수 있을 것이다. 그러니 510원에 미리 걸어놓는 수밖에 없다.

자산 하락장에서 자신이 투자한 자산을 품고 '존버(존나 버티기의 줄임말로, 끝까지 버티는 것)'가 가능하다고? 그런 사람은 무주택자일 리가 없다. 시장은 예측해야 할 대상이 아니다. 그저 흐름에 몸을 맡기고 이미 자산을 보유하고 있다면 가격이 상승할 때까지 존버하는 게 상책이다. 상승으로 돌아서면 그때도 사지 못한다. 대응 자체가 불가능하다. 그러니 하락장에 접어들어 가격이 떨어진다고 버리지 말고 버틸 수 있는 만큼만 매도하면서 견뎌라.

하락이 있으면 상승도 있는 게 시장의 법칙이다. 특히 하락보다 상승장이 긴 것도 이미 짜여진 각본이다. 앞서 말하지 않았는가, 전 세계 각국 중앙은행의 목표는 '경제 발전'이라고. 자본주의 시장이 탄생한 이래, 시장의 흐름은 항상 같았다. 그랬기에 가진 자는 돈을 벌었고, 노린 자는 많이 잃었으며, 포기한 자는 도태되었다.

## 최적의
## 매도 타이밍

부동산이든 주식이든 채권이든, 물건을 사고팔 때 반드시 기억해야 할 명언이 있다.

"매수는 기술, 매도는 예술!"

사실 물건을 매수할 때는 여러 지표를 찾아서 참고하고 현재 나의 자금 여력을 고려해 적당한 타이밍을 골라 사면 된다. 하지만 매도는 다르다.

내가 물건의 매도 타이밍을 잡는 기준은 딱 하나다. 해당 물건이 비쌀 때이든 쌀 때이든 상관 없이, '지금 가진 것보다 더 가격이 오를 물건을 발견했을 때'다. 이보다 더 좋은 매도 타이밍은 없다. 부동산을 예로 들어보자. 부동산 하락장에서 내가 보유 중인 아파트의 가격이 헐값이라면 다른 아파트의 가격도 헐값일 가능성이 크다. 아마 이런 시기엔 대출금리도 꽤 높을 것이다. 그런데 현시점 보유 중인 아파트보다 관심 있는 아파트의 가격이 상승할 가능성이 더 크다면 내 것을 매도하고 그것을 매수하면 된다.

매수와 매도 타이밍 둘 다를 고민하지 말고, 매수 하나만 고민하라. 생각이 단순해지면 움직임도 빨라진다. 나의 투자 철학 중 하나는, '분석은 꼼꼼하게, 실행은 단순하게'이다. 고민을 최대한 줄일 수 있는 방법을 택해야 한다. 그리고 내린 결정에 대해서는 후회하지 말자. 이미 복잡한 분석 과정을 거치지 않았는가! 긍정적인 마인드와 자세도 정말 중요하다. 그러니 매도하고 매수했다면, 이렇게 말하라.

"좋은 가격에 잘 샀어!"

다시 정리하자. 최고의 매도 타이밍은 내가 가진 물건과 가격은 비슷하지만 앞으로 가격이 오를 가능성이 큰 물건을 발견했을 때다. 그때 내 것을 매도하고 그것을 매수하라. 시기는 그다지 중요하지 않다. 내 것이 오르면 사려는 것도 오른다. 내가 가져야 할 것은 더 많이 오르는 것이다.

# 방법은,
# 내가 단단해지는 것

인간관계는 힘들다. 사회생활은 어렵다. 운 나쁘게 불합리한 시스템이나 비상식적인 사람을 만나면 창살 없는 감옥 속에 살아가는 기분이 들 수도 있다. 월급쟁이라면 한 번쯤은 사방이 막혀 있는 박스 안에 든 쥐가 된 듯한 답답함을 느껴보았을 것이다. 어쩐지 박스에서 벗어날 수 없을 것만 같은, 그래서 우리의 삶이 끝이 빤한 인생처럼 느껴질 때도 있다.

회사에서 잘리지 않으려면 치열하게 일해서 제때 승진해야 한다. 연봉이 조금씩 오르면 후배 앞에서 '퍼플 카드'를 긁으며 '내가 이 정도는 된다' 으스대야 하고, 적어도 40대 후반에는 팀장을 달고, 50대에는 이사가 되어야 폼이 난다. 물론 더 운이 좋으면 그 이상으로 승진할 수도 있을 것이다. 하지만 이런 운이 비껴간 나머지, 제때 승진하지 못하면 젖은 낙엽처럼 회사에서 조용히 존버하다가 55~60세에 쓸쓸히 정년퇴직하는 것이 정해진 직장인의 미래다.

정말 잘 해보고 싶다. 엄청난 성과를 내서 회사에 기여하고 싶다. 그래서 개인 시간까지 다 바쳐서 열심히 일하면 누가 알아주는가? 오히려 짓밟히기 더 쉽다. "야, 너 너무 튀지 마" "눈빛에 아주 그냥 야망이 흘러넘친다, 넘쳐!" 이런저런 뒷담화로 평판이 깎이는 것도 순식간이다. 사회생활에도 국룰이 있지 않은가? 칭찬으로 사람 하나 끌어올리긴 그렇게 어려운데, 몇 마디 소문으로 한 사람 끌어내리는 건 너무나 쉽다. 속닥속닥 3번에 나락을 가는 사람이 어디 한둘인가? 좁디 좁은 회사라는 테두리 안에서도 그런데, 사회는 더 가혹하지 않겠는가? 어느 날, 아내가 말했다.

"당신이 회사에서 아무리 잘하면 뭐 해? 누가 알아주기나 한대? 뒷담화만 늘걸? 밖에서 유명해져 봐. 회사에서도 당신을 잡으려 안간힘을 쏟게 말야. 당신이 따라가지 말고 그냥 당신이 더 유명해져서 따라오게 하는 거야."

회사도 다니지 않는 아내의 말에 뼈를 맞았다. 아내의 말마따나 회사 내부에서 애를 쓴다고 달라질 건 없어 보였다. 하지만 외부에서 유명해지면 이야기가 달랐다. 그러니 당신도 어느 곳에 있든 테두리 안에서 내부 사람의 인정과 관심을 받으려고 너무 애쓰지 않길 바란다. 그냥 당신이 밖에서 더욱 대단해져서 그 사람이 당신을 만나고 싶어 하고 보고 싶어 하게 만들면 된다. 지금 당신이 그렇게 노력하고 있다면, 머지않아 그렇게 될 것이다.

사람들이 나를 외면하는 것 같고 나를 비웃는 것처럼 느껴질 때도 있을 것이다. 순간순간 그럴 수 있다. 하지만 내 시선을 그들이 아닌 나에게 돌려서 내가 어떤 인간인지 파악하고, 어떤 부분을 발전시켜 나갈지 고민하고 그럴 방법을 찾기 시작하면, 너무 바빠서 그런 주변 사람을 신경 쓸 겨를도 없어진다. 그런 자세로 매년 업그레이드가 된다면 이제 사람들이 당신을 찾게 될 것이다. 가끔은 삐끗해서 넘어질 수도 있지만, 괜찮다. 다시 일어나서 그냥 뛰면 된다. 그냥 내가 단단해지는 것이 가장 현명한 방법이다.

## 변하지 않는 가치

대학 시절 강의 시간, 교수님께서 1만 원권 지폐를 들고 말씀하셨다. "이거 가질 사람?" 나를 비롯한 모든 학우들이 손을 들었다. 그런데 갑자기 교수님이 들고 있던 지폐를 마구 구기셨다. "이래도 가질 사람?" 또다시 모두가 손을 들었다. 구겨지든 말든 무슨 상관인가, 잘 펴서 쓰면 되지. 그런데 이제는 교수님이 지폐를 바닥에 던져 밟으셨다. 지폐는 좀 더러워졌고 어떤 부분엔 신발 자국도 생겼다. "이래도 가질 사람?" 그래도 모두 손을 들었다. 우리를 보며 교수님이 말씀하셨다.

"내가 이 1만 원권 지폐를 구기든 밟아 발자국을 남기든 모두가 이 돈을 가지고 싶어 했습니다. 이유가 무엇인가요? 상태가 어떻든 1만 원의 가치가 변하지 않았기 때문입니다. 여러분도 어떠한 상황에 처하든 어떤 모습이나 상태이든 여러분 자신의 가치는 변하지 않고 여전히 유효하다는 사실을, 꼭 기억하시길 바랍니다."

그 순간 말로 표현하기 힘든 가슴 먹먹함을 느꼈다. 사회생활 8년 차쯤 되던 해였을까? 나는 필사적으로 한국을 떠나고 싶었다. 너무 화가 났기 때문이다. 다니던 회사의 미국지사에 자리가 났고 내가 유력한 후보였는데 마지막 면접 기회를 박탈당한 것이었다. 결국 그 자리엔 조건도 충족되지 않는 누군가가 들어갔다. 나중에야 그가 내부에서 미리 점지한 사람이었음을 알았다. 그런 줄도 모르고 바보같이 몇 년을 치열하게 준비했던 것이다. 요건에 맞는 사람은 내가 유일했는데, 면접 기회조차 얻지 못했다는 생각에 억울하고 속상했다. 이미 내정자가 있었으면서 왜 그런 희망고문을 한 것일까? 노력과 성과도 무의미했고, 면접 기회에서도 공정함을 기대할 수 없었다. 나는 다시 공모제도를 통해 지원했지만, 인사팀으로부터 돌아온 대답은 본부에서 이미 정한 인원이 있는 경우 해당하지 않는다는 것이었다. 그렇다면 공모 당시, 이런 사항을 기입해둬야 할 게 아닌가? 며칠 밤 고심해서 지원서를 작성한 게 다 소용없는 일이 되었다. 회사가 더 싫어졌다. '회사가 나를 뽑지 않는다고? 그럼, 내가 직접 도전하지 뭐.'

나는 100개가 넘는 외국 회사에 영문 CVcover(이력서와 동일하다)를 돌렸다. 그러나 며칠이 지나도 연락 한 통 없었다. 내 인생이 쓰레기처럼 느껴졌다. 싱가포르의 대기업에 다니는 동생에게 연락해 상담했다.

"야, 나는 왜 안 되는 거냐?"

"형, 잘 생각해 봐요. 외국 대학도 나오지 않은 외국인을 글로벌 대기업들이 현지 채용할까요? 자기 나라에도 형 같은 사람이 차고 넘치는데 굳이 집에 보험까지 들어주며 뽑을 이유가 없잖아요? 회사 입장에서는 그게 다 비용인데…."

머리를 또 한 방 세게 얻어맞았다. '그렇네, 맞는 말이네.'

그다음에 내가 어떻게 했을까? '나 같은 사람이 차고 넘친다고? 아니, 나 같은 사람은 없을걸? 내가 얼마나 가치 있는 놈인지 알려주겠어.' 그렇다. 나를 알리는 방법밖에 없었다. 나는 나의 SNS에 내가 가장 자신 있는 분야의 시장 이야기와 인사이트를 매일 영어로 기록했다. 시간이 지나면서 소문이 나기 시작했고 어느새 3,000명의 외국인이 보는 글이 되었다. 얼마 뒤엔 내가 이력서를 보내지 않아도 자동으로 잡오퍼가 왔다.

글로벌 톱티어 컨설팅기업인 맥킨지와 석유회사 엑슨모빌에서 연락이 와 전화로 간단한 1차 탐색을 하더니, 메일로 테스트를 보자고 했다. 맥킨지에는 삼성전자의 SSAT와 유사한 SHL 테스트가 있는데, 이는 각종 비즈니스 관련 문제를 내가 어떻게 해결하는지를 평가하는 것이었다.

그런데 결론적으로 나는, 한국에 남았다. 좀 더 알아보니 미국에서 3인 가족이 생활하려면 최소 연봉이 18만 달러 이상이어야 하는데 주거 공간 임대료가 어마어마해서 그 정도의 연봉으로도 생활이 빠듯하다고 했다. 또한 현지에서 일하면 모든 사안을 영어로 보고해야 하는데, 한국에서만 직장생활을 해온 입장에서 두려운 마음도 들었다. 직장의 고용 안정성도 거의 최하위 수준이었다. 어느 날 갑자기, "너, 나가!"라고 하면 바로 짐을 싸서 나와야 하는 것이다. 혹여 그렇게 되면 나는 둘째치고 아내와 아이는?

결국 나 자신의 글로벌적 가치만 확인한 채 도전을 멈추었다. 느낀 점이 많았다. 삶이 아무리 힘들더라도, 또 누군가가 내 계획을 짓밟아 길이 없는 것처럼 보이더라도, 또 다른 길을 찾고 뚜렷한 목표를 향해 도전한다면 결국 내 가치를 확인할 수 있다는 것이었다. 내 본연의 가치는 상황이나 환경으로 사라지는 것이 아니었다. 그러니 어떤 상황에서도 절망해선 안 된다. 주저앉아 운다고 해결되는 건 없다. 상황을 반전시킬 수 없다면 그 상황에서 벗어나기 위해 몸을 움직이고 친구를 만나면서 적극적으로 방법을 모색해야 한다.

이 일을 계기로 내게는 전 세계 곳곳의 인맥이 생겼고, 이로써 수많은 기회가 찾아왔다. 자신의 가치를 스스로 폄하하지 말자. 당신이 움직이고 스스로 알리고자 한다면 세상 사람들이 그 가치를 알아봐줄 것이다. 내가 포기하지만 않는다면 기회도 오게 되어 있다.

### 판교불패 네이버 카페

판교불패와 판교불패가 엄선한 6명의 시장 전문가들이 함께 운영하는 카페. 주식, 대출, 부동산 분양권, 재건축, 재개발, 가상화폐, 세무/회계 등 각 분야 전문가들과 지역 공인중개사들이 활동하고 있다.

### 베리스 인스타그램

부동산 전문 인플루언서로 6만 명의 팔로워를 보유 중인 베리스. 분양권시장의 흐름을 누구보다 빨리 전달해 준다. 현장을 직접 찾아다니면서 시장 분위기를 생생하게 전하는 한편, 최근 분양시장의 핫이슈를 소개한다.

### 뉴글 부동산 플랫폼

부동산 정보를 찾아 이리저리 손품 파는 것에 지쳤다면 '뉴글'을 방문해 보자. 실전 투자자들의 글과 강의부터 부동산 정책 자료, 일반 QnA까지…모든 부동산 정보를 한 번에 볼 수 있다.

### 경제냥이 인스타그램

경제 공부가 어렵다면 재미있는 그림으로 배우면 어떨까? 인스타그램에서 어려운 경제 용어와 경제 현상을 그림으로 재미있게 알려준다. 경제 입문자, 재린이라면 경제냥이 인스타에서 쉽고 재미있게 공부하자.

### 김부성 박사 네이버 블로그

부동산 성공 투자에는 불변의 법칙과 원칙들이 있다. 김부성 박사는 20년이 넘는 기간 성공한 투자 경험을 토대로 경제적 자유에 도달하는 가장 빠른 길을 안내한다.

### 주니대디 네이버 블로그

부동산 분야 인플루언서로, 경제 전반의 정보를 이해하기 쉽게 정리하고, 주로 소액 부동산 투자에 대한 인사이트를 예측이 아닌 경험을 바탕으로 제공한다.

### 윤대장 TV 유튜브

대기업에서 퇴사한 후 중개업 분야에서 대장을 꿈꾸는 동네 부동산 아저씨. 과천지역 부동산에 특화되어 있고 그 외 분양권, 임장기 등을 유튜브에 생생하게 담는다.

### 미도스맘 네이버 블로그

네이버 '이 달의 블로그'에 선정된 부동산 전문 인플루언서 미도스맘의 블로그. 자신만의 부동산 투자 인사이트와 함께 부동산 관련 뉴스와 분양 소식을 공유하고 있다.

# 올웨더
# 투자법

**1판 1쇄 발행** 2023년 10월 18일
**1판 3쇄 발행** 2023년 10월 31일

**지은이** 판교불패

**발행인** 양원석 **편집장** 박나미
**디자인** 강소정, 김미선 **그림** 경제냥이
**영업마케팅** 조아라, 이지원, 정다은, 박윤하

**펴낸 곳** ㈜알에이치코리아
**주소** 서울시 금천구 가산디지털2로 53, 20층(가산동, 한라시그마밸리)
**편집문의** 02-6443-8865    **도서문의** 02-6443-8800
**홈페이지** http://rhk.co.kr
**등록** 2004년 1월 15일 제2-3726호

ⓒ판교불패 2023, Printed in Seoul, Korea

ISBN 978-89-255-7587-2 (03320)